KB206396

처음 만나는
북유럽 신화

NORSE MYTHOLOGY

# 처음 만나는
# 북유럽 신화

이경덕 지음

원더박스

북유럽이라고 부르는 곳은 딱히 특정할 수 있는 지역이 아니다. 말 그대로 유럽의 북쪽에 속해 있는 지방을 가리키는 말이다.

북유럽이라고 하면 흔히 스칸디나비아 제국, 즉 노르웨이, 스웨덴, 핀란드에 더해 덴마크, 아이슬란드를 포함한 지역을 가리킨다.

이곳은 북위 55도 위쪽으로 예부터 매우 춥고 거친 땅이었다. 과거 이곳을 터전으로 살았던 사람들은 달리 바이킹이라고도 불리는 노르만족이었다. 노르만이란 이름은 북쪽에서 온 사람들이라는 뜻이다.

노르만족은 8세기 이전까지 북쪽에서 생활을 영위했다. 당시는 교통이 발달한 것도 아니었기에 물품을 사고파는 상업적인 교역 외에는 아래쪽에 사는 사람들과 서로 교류하는 일이 많지 않았다.

그런데 8세기 이후 이 지역의 기후가 따뜻해지고 농업기술이 발달하면서 인구가 크게 늘어나기 시작했다. 문제는 먹을 것은 서서히 늘어났지만 인구는 급증했다는 점이다. 많은 노르만족이 먹을 것을 찾아서 남하하기 시작했고 집단을 이루어 유럽을 약탈하며 생계를 유지했다.

유럽인에게는 약탈이지만 노르만인의 입장에서는 모험이라고 부를 수 있는 이런 상황이 몇 세기 동안 지속되었다. 그 사이에 노르만족의 조선술과 항해술이 크게 발전했고, 이들의 전투력 역시 뛰어났기에 유럽의 어느 누구도 그들을 저지할 힘을 갖지 못했다. 뿔 투구를 쓰고 거대한 도끼를 든 모습으로 묘사되는 바이킹은 당시 유럽 최고의 포식자였다.

이들은 10세기 이후 프랑스에 영지를 얻어서 노르망디 공국을 건설하고 영국에서는 정복왕 윌리엄을 조상으로 하는 노르만 왕조를 여는 등 유럽 곳곳에 자기들의 세력을 형성했다. 러시아의 왕가도 바이킹의 후손이었다.

따뜻했던 기후가 다시 추워지고, 많은 노르만족이 당시 유럽에 뿌리를 내린 그리스도교로 개종을 하면서 12세기 무렵에는 바이킹의 기세가 크게 약화되었다. 특히 그리스도교의 유입은 이들의 생각을 크게 바꾸어놓으면서 과거의 생활과 다른 방식으로 삶을 영위하는 사람들이 늘어났다.

모험심이 강하고 투쟁적이던 많은 바이킹들이 정착을 선택하고 여기에 기후 변화가 닥치고 머릿속의 생각이 바뀌면서 노르만인의 생활과 행동이 크게 변할 수밖에 없었다. 그렇게 몇 세기 동안 유럽을 뒤흔들었던 바이킹의 전성시대가 저물었다.

간략하게나마 북유럽의 자연환경과 노르만인들의 역사적 삶을 살펴본 것은 이 책의 주제인 북유럽 신화가 어떤 배경에서 태어났는지를 살피기 위해서다.

신화는 주변의 세계를 이해하고 그 세계에 적응하기 위해 만들어진다. 북유럽의 경우, 바이킹들은 춥고 거친 땅에서 살아남기 위해서 신화를 만들어냈다. 따라서 북유럽 신화는 세계의 적응이라는 점에서 비옥한 땅에서 사는 사람들이 만들어낸 신화와 다를 수밖에 없다. 뜨거운 사막에서 살아야 했던 사람들의 신화와도 다를 수밖에 없다.

그들이 신화를 만들 수 있는 소재는 매우 한정되어 있었다. 주변에서 흔히 볼 수 있는 얼음과 눈, 숲과 나무, 늑대를 소재로 해서 그들만의 신화적 세계를 창조했다. 보다 구체적으로 북유럽의 자연환경을 떠올려보면 오랫동안 덮여 있는 얼음과 눈, 끝없는 툰드라 숲과 그 숲에 사는 늑대, 그리고 곳곳에 점처럼 존재하는 사람들이 사는 마을이 그려진다.

사람들은 자기가 모르는 것을 상상할 수 없다. "아는 만큼 보인다"는 말처럼 사람들은 자기가 알고 있는 것을 가지고 상상하고 생각한다.

인간의 탄생을 예로 들어보자. 농사를 짓는 곳에서는 주로 흙으로 인간을 빚어낸다. 그러나 북유럽의 세계에서는 흙보다 숲과 나무가 더 친근한 소재였기 때문에 오딘은 느릅나무와 물푸레나무에 영혼을 불어넣어 인간을 창조한다.

심지어 우주조차 나무다. 거대한 물푸레나무인 이그드라실은 그 자체가 우주이며, 그 안에 신과 서리거인, 난쟁이, 인간까지 북유럽 신화의 주민들이 살고 있다.

북유럽 신화만의 독특한 존재인 서리거인도 그 이름에서 보듯 서리에서 태어난 존재다. 북유럽의 추운 환경을 반영되어 있다.

이렇게 북유럽 사람들이 살아야 했던 자연환경을 바탕으로 그들만의 독특한 신화가 만들어졌고 오늘날 우리에게까지 전해진다.

북유럽 신화에는 이러한 자연환경에 더해서 역사적인 상황도 반영되어 있다. 그들은 비옥한 땅에서 안정적인 삶을 영위한 것이 아니어서 생존을 위해 모험을 떠나야 했다. 8~12세기에 걸친 바이킹들의 모험은 도전의식과 용기를 중시하는 북유럽 신화의 특징을 형성했다. 뫼비우스의 띠처럼 자연환경으로 인한 삶의 변화가 역사에 반영되고 그 역사가 신화에 반영된 후 그 신화가 사람들 사이에서 이야기되면서 다시 그 신화가 사람들에게 영향을 미쳤다.

북유럽 신화가 부쩍 사람들의 관심을 끌고 있다. 〈반지의 제왕〉에서 〈어벤져스〉까지 북유럽 신화와 그 세계관을 토대로 한 영화가 속속 등장하고, 또 수많은 관객을 사로잡고 있다. 이는 북유럽 신화가 현대인에게 그만큼 설득력을 갖고 있음을 의미할 것이다. 오래된 특정 지역의 신화가 왜 갑자기 우리의 관심을 불러일으키는 것일까?

이 책은 그런 의문에 대한 나의 작은 대답이다. 북유럽 신화는 과연 어떤 내용이고 어떻게 구성되어 있는가 하는 물음에서부터 오딘과 토르에게 열광했던 북유럽 사람들이 살았던 시대와 현대가 어느 지점에서 만나 불꽃을 일으켰는지, 북유럽 신화의 어떤 요소가 우리의 마음을 흔들었는지에 대한 물음까지 나름대로 답해보려고 했다.

또한 북유럽 신화를 주제로 한 그동안의 강의에 대한 대답이기도 하다. 강의 때마다 많은 분들이 더 많은 내용을 알고 싶어 했고 질문과 자료요청을 해왔다. 여러 제약 때문에 일일이 대답하지 못했던 것과 예전부터 생각하고 있던 것을 더해 이 책을 엮었다. 충분하진 않겠지만 북유럽 신화에 대한 길잡이 역할은 할 수 있을 것이라고 생각한다.

북유럽 신화는 소설과 영화 등 다양한 경로를 통해 소개되고 있지만 여전히 그리스 신화에 비해 낯선 영역이다. 그래서 깊이 파고드는 신화 분석을 지양하고, 독자들이 가볍게 산책하듯 북유럽 신화를 만날 수 있게 돕는 것이 좋겠다고 생각했다.

그렇다고 단순히 이야기만 나열하는 것은 진정으로 신화를 읽는 방법이 아니다. 신화가 현재의 우리와 만나지 못하면 한낱 옛이야기에 불과할 뿐이다. 그래서 북유럽 신화가 오늘날의 우리에게 어떻게 영향을 미치고 어느 지점에서 서로 만날 수 있는지, 개인의 삶에 어떻게 그림자를 드리우는지에 대해서 터치하듯 가볍게라도 다루어보려고 했다.

스치는 바람처럼 가볍게라도 북유럽 신화를 통해 자기의 모습을 만나보기를 희망한다.

# I

북유럽 신화의 세계

## 얼음과 불꽃 사이의 허공

북유럽 신화가 눈을 뜬 세계는 아무것도 존재하지 않던 허공이었다. 말 그대로 텅 빈 세계였다. 그 허공의 이름은 긴눙가가프였다.

긴눙가가프는 북쪽으로 얼음과 눈으로 덮인 니플헤임, 남쪽으로 무스펠이라고 불리는 불꽃의 세계 사이에 위치하고 있었다.

긴눙가가프의 남쪽에 있는 무스펠은 너무나 뜨거워서 불꽃에서 태어난 존재만 생존할 수 있었다. 무스펠을 지배하고 있는 것은 수르트라는 불의 칼을 휘두르는 거인이었다. 수르트는 먼 훗날 세상을 모두 불태운다.

시간이 흐름에 따라 긴눙가가프로 북쪽의 찬 기운과 남쪽의 뜨거운 기운이 끊임없이 밀려들었다. 그 때문에 긴눙가가프는 얼음과 불꽃이 공존하는 따스하고 서늘한 곳이 되어갔다. 북쪽의 얼음을 녹이고 남쪽의 열기를 누그러뜨렸기 때문이다.

오랜 세월이 흐르고 허공이었던 긴눙가가프에 이미르라는 이름을 가진 거인이 나타났다. 이미르는 서리에서 나왔기에 서리거인이라고 부르고 북유럽 신화에 등장하는 모든 서리거인의 조상이 되었다.

이미르는 차가운 서리 때문에 잠을 자는 동안 끊임없이 땀을 흘렸고 겨드랑이의 땀에서 남녀 한 쌍의 서리거인이 태어났다. 다리에서도 서리거인이 생겨났다.

이렇게 이미르가 서리거인들을 세상에 내보내고 있을 때에도 얼음은 계속 녹았다. 그리고 얼음 속에서 아우둠라라고 불리는 거대한 암소가 모습을 드러냈다.

아우둠라의 젖꼭지에서 젖이 흘러 네 개의 강이 되어 흘렀다. 이미르는 아우둠라의 젖을 먹었고 아우둠라는 얼음 속에 있는 소금을 먹기 위해 계속 얼음을 핥았다.

아우둠라의 입술이 닿은 곳이 녹으면서 남자의 머리카락이 삐죽 튀어나왔다. 아우둠라의 입김은 주변의 얼음을 녹였고 3일 후에 성인 남자가 온전히 모습을 드러냈다. 신들의 조상이 된 부리였다.

부리는 얼마 후에 보르라는 이름을 가진 아들을 얻었다. 보르는 결혼 상대로 서리거인인 베스틀라를 선택했다. 세상에 여자는 서리거인밖에 없었기에 어쩌면 당연한 일이었다.

신인 보르와 서리거인인 베스틀라 사이에서 세 아들이 태어났다. 장남이 북유럽 신화의 최고신인 오딘이고 빌리와 베가 그 뒤를 이었다.

북유럽 신화에서 서로 대립적인 존재인 신들과 서리거인들은 이렇게 한 나무에서 갈라져 나온 가지를 닮았다.

따라서 단정적으로 서리거인이 악을 상징하고 신들이 선을 상징한다는 도식은 성립되지 않는다. 북유럽 신화뿐만 아니라 대부분 신화가 보여주는 것처럼 세상에는 선과 악이 서로 뒤엉켜 있다. 할리우드 영화에서 보듯 선과 악이 또렷하게 구분되는 경우는 없다.

오히려 서리거인은 사악함보다는 북유럽의 거친 자연을 상징하는 존재들이다. 그래서 신들과 서리거인들의 갈등은 인간이 혹독한 자연환경을 극복하거나 자연환경과 조화를 이루는 모습을 의미한다고 보아야 한다.

그것은 북유럽 세계가 어떻게 만들었는지를 보면 쉽게 짐작할 수 있다.

## 북유럽 세계의 창조

신들과 서리거인, 다르게 말하면 인간과 거친 자연환경은 서로 어울리기 힘들었다. 인간이 혹독한 추위를 피할 집을 짓고 농사를 짓기 위해 밭을 개간하는 것처럼 신들은 서리거인을 몰아내기로 했다.

보르와 세 아들은 서리거인의 조상인 이미르를 기습해서 깊은 상처를 입혔다. 이미르의 몸에서는 엄청난 피가 흘러나왔고 나머지 서리거인들은 그 홍수와 같은 피에 빠져 익사했다. 다만 베르겔미르 부부만 나무줄기로 만든 배를 타고 살아남았다.

이 이야기는 세계 곳곳에서 전하는 홍수 신화를 연상시킨다. 실제로 기원전 1만 년쯤에 세상을 덮었던 얼음이 녹으면서 대홍수가 일어났고 인류는 그 참혹했던 기억을 신화로 남겨놓았다. 그리스 신화에서는 제우스가 일으킨 대홍수로 프로메테우스의 아들과 판도라의 딸만 살아남아 다시 세상을 재건했는데 이들의 장남이 헬렌이고 그 이름을 따서 그리스의 문화를 헬레니즘이라고 부른다.

그리스 외에도 한반도를 비롯해 인류가 살았던 모든 지역에 그때의 기억을 담은 홍수 신화가 있는데 북유럽 신화에서는 이미르의 살해 사건에 홍수 신화가 들어가 있는 셈이다. 세상의 모든 홍수 신화는 배를 만들어야 한다는 것을 알려주고 있는데, 베르겔미르 부부 또한 《성경》에 나오는 노아나 그 외의 인물처럼 배를 만들어 살아남았다.

이미르의 피가 불러온 대홍수가 끝나자 보르와 세 아들은 이미르의 시체를 들고 긴눙가가프로 갔다. 이들은 먼저 이미르의 살로 땅을 만들었고 뼈로 산을 만들었다. 이빨과 턱과 부서진 뼈로는 바위와 돌을 만들었고 여전히 남아 있던 피로 바다와 호수를 만들었다. 그리고 마지막으로 두개골을 공중으로 들어 올려 하늘을 만들었다.

보르와 세 아들은 세상의 형태가 만들어지자 무스펠에서 잡아온 불꽃으로 태양과 달, 별들을 만들고 이미르의 뇌로 하늘을 떠다니는 구름을 만들었다.

이미르의 몸은 세계가 되었다. 보르와 세 아들은 땅의 경계를 만들고 요툰헤임이라고 부르는 척박한 땅을 서리거인인 베르겔미르 부부에게 주어 살게 했다. 이후 요툰헤임은 서리거인들이 사는 땅이 되었다.

또한 이미르의 눈썹을 이용해서 거대한 벽을 세우고 인간들이 사는 땅, 즉 미드가르드를 만들었다.

그러나 미드가르드에는 아직 아무도 살지 않았다. 인간이 세상에 태어나지 않았기 때문이다. 오딘과 형제들은 바닷가를 걷다가 뿌리가 땅위로 나와 있는 물푸레나무와 느릅나무를 보았다. 오딘이 나무에 숨결을 불어넣어 인간을 만들었다. 빌리는 뛰어난 지성과 감정을 느끼는 마음을 주었고 베는 청각과 시각을 주었다.

물푸레나무(남자)와 느릅나무(여자)는 아스크와 엠블라라는 이름을 가진 인간이 되어 수많은 바이킹을 낳았다.

오딘은 인간의 움직이는 모습을 보고 이미르의 몸에 생긴 구더기를 기억해냈다. 구더기들은 땅위를 꿈틀거리며 기어 다니고 있었다. 오딘과 그의 형제들은 구더기에게도 사람의 모습을 주고 지혜를 주었다.

그러나 태생이 구더기였기에 키가 작고 어두운 곳을 좋아했다. 이들이 북유럽 신화의 특징 가운데 하나인 난쟁이들이다. 난쟁이들은 지하에 거주지를 마련했다.

이렇게 이미르의 몸을 이용한 창조는 끝이 났다. 드넓은 바다와 땅에는 인간과 난쟁이, 서리거인이 각각 정해진 곳에서 살게 되었다.

이렇게 인간을 포함한 세계를 만든 다음 신들을 위한 아스가르드를 만들고 미드가르드와 연결된 무지개다리인 비프로스트를 만들었다. 비프로스트는 불타고 있기 때문에 인간들이 접근할 수 없는 다리였다.

북유럽 신화의 세계는 모두 아홉 개로 구성되어 있다. 아스 신들이 사는 아스가르드, 인간들의 세상인 미드가르드, 바니르 신족이 사는 바나헤임, 서리거인들이 사는 요툰헤임(우트가르드), 요정들이 사는 알프헤임, 죽은 자가 사는 헬, 난쟁이들이 사는 니다벨리르(스바르트알파헤임), 그리고 안개의 땅인 니플헤임과 불꽃의 세계인 무스펠이 그것이다.

세상이 만들어졌으니 이제 그 세상을 채울 이야기가 만들어질 차례다.

## 우주나무 이그드라실

본격적인 이야기를 하기 전에 알아야 할 것이 거대한 물푸레 나무인 이그드라실이다. 이그드라실은 다르게 말하면 우주다. 이 나무 안에 북유럽 세계를 포함한 우리가 알고 있는 모든 세계가 들어 있다.

신화에서는 이런 나무를 우주나무라고 부른다. 단군 신화에 나오는 신단수도 우주나무이다. 흔히 우주나무는 하늘과 땅을 연결한다는 의미를 갖고 있다. '잭과 콩나무'라는 유명한 동화는 이런 생각에서 나온 것이다.

이그드라실의 가장 깊은 뿌리에는 니드호그라는 용이 살고 있고 가장 높은 꼭대기에는 독수리가 살고 있다. 니드호그는 우주의 파괴와 영원한 종말을 꿈꾸며 시체를 갈기갈기 찢고 욕설을 내뱉는다. 이그드라실의 뿌리에 사는 다람쥐 또한 뿌리를 갉아먹으면서 틈틈이 독수리를 찾아가 니드호그가 내뱉는 욕설을 독수리에게 전한다.

두 번째로 깊은 뿌리는 신들의 공간인 아스가르드를 향해 나 있다. 이곳에는 과거와 현재, 미래의 운명을 지배하는 세 여신이 살면서 아이가 태어나 죽을 때까지의 모든 운명을 결정한다. 신들도 이들 운명의 여신이 정한 운명에서 빗겨갈 수 없다.

세 번째로 깊은 뿌리는 서리거인들이 사는 요툰헤임을 향해

나 있다. 그곳에는 현자인 미미르가 지키는 샘이 있는데 그 샘물을 한 모금이라도 마시면 단번에 진실을 알 수 있는 힘이 생긴다.

오딘은 그 샘물을 한 모금 마시기 위해 자기 눈을 하나 내놓았다. 오딘이 애꾸가 된 이유다.

미미르가 지키는 샘에는 나팔이 하나 놓여 있다. 먼 훗날 세상에 종말이 찾아오면 살아 있는 생명을 한자리에 불러 모으기 위한 나팔이다. 나팔소리를 들은 무리는 세상을 종말로 이끌어 가는 악의 세력과 싸움을 벌일 것이다.

북유럽 신화는 이 나팔소리를 향해 달려간다.

# 2

북유럽 신화의 진짜 주인공, 로키

## 로키는 트릭스터

북유럽 신화의 주인공은 누구일까? 아마도 대부분 최고신 오딘이나 던지면 되돌아오는 파괴적인 망치를 휘두르는 토르를 떠올릴 것이다.

물론 그렇다. 오딘이 북유럽 신화 곳곳에 얼굴을 내밀거나 변장을 하고 뒤에서 공작을 해서 사건을 만들어낸다는 점에서 그렇다. 또한 토르는 지구를 지키는 어벤져스의 일원이 아닌가.

그러나 그것은 표면적인 해석이다. 북유럽 신화 전체를 보면 이야기를 이끌어가는 것은 단연 로키다.

로키는 결정적인 장면마다 누구도 예상하지 못한 태도와 행동을 보이며 사건을 엉뚱한 곳으로 이끌지만 그 태도와 행동은 매번 본질을 꿰뚫어 이야기의 과녁을 명중시킨다.

북유럽 신화 자체가 거대한 활이라면 로키는 그 본질을 관통하는 예리하고도 날카로운 화살이다.

로키가 예리하고 날카로운 활이 된 것은 그가 트릭스터이기 때문이다.

신화에는 트릭스터trickster라는 존재가 있다. 트릭스터는 그 이름에서 나타나듯이 사기꾼이나 협잡꾼을 의미하지만 신화에서는 기존의 도덕이나 관습 등을 무시하고 제멋대로 행동하는 인물이나 동물을 가리킨다.

달리 말하면 선악의 관념이 없지만 창조의 힘까지 갖출 정도로 능력이 출중하기에 당혹스러움과 함께 매혹적인 성격을 가진 존재이다. 이들은 엉뚱한 발상을 통해 세상을 바꾸기도 하고 없던 것을 만들어내기도 하면서 이야기를 이끌어간다.

트릭스터가 두드러지게 나타나는 것이 북아메리카와 아프리카 신화이다. 북아메리카와 아프리카 신화에서 주로 등장하는 트릭스터는 코요테나 거미인간과 같은 동물 부류다. 그런데 북유럽 신화에서는 인물, 그것도 주요한 신인 로키가 전체의 이야기를 이끌어가는 트릭스터로 등장한다.

## 아스가르드의 성벽 쌓기

로키가 지닌 트릭스터의 성격을 보여주는 예를 들어보자.

북유럽 신화에는 두 부류의 신들이 등장한다. 하나는 아스 신족이라고 불리는 호전적이고 모험심이 강한 신들로 우두머리는 북유럽 신화의 최고신인 오딘이며 이들은 신들의 세계인 아스가르드에서 살고 있다.

이들과 달리 바니르 신족이라고 불리는 신들도 있는데 이들은 농사를 짓고 낚시를 하며 유유자적하게 평화를 즐기는 신들로 바나헤임에서 살고 있다.

북유럽 신화의 주역인 바이킹들은 그들 또한 호전적이고 모험심을 좋아했기 때문에 바니르 신족보다 아스 신족을 더 좋아하고 추종했다.

한번은 황금과 탐욕의 마녀인 굴베이그가 아스 신족들이 살고 있는 아스가르드를 찾았다. 굴베이그는 돈 또는 황금이 인격적으로 표현된 마녀로 사람들을 황금의 노예로 만들어 세상을 혼탁하게 하는 위험한 인물이었다.

아스 신족들은 굴베이그를 내쫓고 싶었지만 손님이 찾아오면 그가 누구든 환대해야 하는 관습 때문에 떨떠름한 표정으로 굴베이그를 맞이했다. 굴베이그는 신들의 마음에 황금에 대한 탐욕의 씨앗을 뿌리려고 애썼다.

아스 신들은 굴베이그의 탐욕에 크게 분노하며 그녀를 죽이기로 했다. 신들은 창으로 굴베이그를 찌른 다음 궁전 가운데에서 훨훨 타고 있는 불속으로 집어던졌다.

신들은 탐욕이 세상에서 모두 타서 없어지기를 기원했다. 그런데 놀랍게도 굴베이그는 멀쩡한 모습으로 불 속에서 나왔고 세 번이나 불 속에 집어던졌지만 죽지 않았다.

그것은 세상에 깃든 탐욕이 얼마나 강인한 생명력을 갖고 있는지를 보여준다. 북유럽 신화를 관통하는 거대한 주제 가운데 하나가 탐욕에 대한 경계다.

신들은 굴베이그를 죽일 수 없자 내쫓았고 마녀는 아스가르드를 떠났다.

아스 신족이 굴베이그를 죽이지 못했다는 소식을 들은 바니르 신족은 분노했다. 이들은 세상에서 탐욕을 몰아내지 못한 아스 신족을 벌해야 한다고 외치며 아스 신족을 상대로 전쟁을 선포했다.

신들의 전쟁은 초반에 기세를 올린 바니르 신족이 아스 신족의 성벽을 무너뜨렸지만 그 이후 지루한 공방이 되풀이 되었다. 결국 화해의 표시로 서로의 지도자 몇몇을 바꾸는 선에서 전쟁이 끝났다.

문제는 무너진 성벽이었다. 언제 서리거인들이 침입해올지 모르는 일이어서 성벽을 쌓아야 했지만 게으른 신들은 누구 하나 성벽을 보수하려고 하지 않았고, 시간이 흐르면서 곳곳에 잡초가 자라나기 시작했다.

그때 건장한 사내 하나가 신들을 찾아와 18개월 만에 성벽을 쌓아줄 테니 그 대가로 해와 달, 그리고 아름다움의 여신인 프레이야를 달라고 요구했다. 신들은 성벽을 쌓아야 한다는 필요는 느꼈지만 그 대가가 너무 컸다.

신들은 성벽을 쌓는 대가가 터무니없다며 화를 내고 건장한 사내를 내쫓으려고 했다. 그때 로키가 신들을 만류했다. 로키는 공사기간을 6개월로 줄이면 성벽을 완성하지 못할 것이고 그동안 쌓은 만큼 이익이라고 주장했다. 이 말을 들은 프레이야가 눈물을 흘렸지만 로키는 아랑곳하지 않았다.

로키의 제안에 오딘은 웃음으로 찬성했고 그러자 다른 신들도 로키의 제안을 받아들였다. 건장한 사내는 처음에 6개월로는 어림도 없다고 난색을 표했지만 자기의 말과 함께 쌓겠다는 조건으로 신들의 제안을 받아들였다.

그때부터 건장한 사내와 말은 성벽을 쌓기 시작했다. 스바달파리라는 이름을 가진 말은 엄청난 괴력을 발휘해서 돌덩이를 옮겼다. 그 모습을 본 신들은 눈이 휘둥그레졌다.

아스가르드에 혹독한 겨울이 닥쳐왔지만 건장한 사내와 스바달파리는 아랑곳하지 않고 성벽을 쌓았다. 그리고 약속한 날짜 사흘을 앞두고 성벽은 출입구만 남기고 완성되었다.

신들은 절망했다. 프레이야뿐만 아니라 해와 달까지 빼앗길 참이었다. 신들은 로키를 향해 원망과 분노의 눈초리를 던졌다. 신들은 로키에게 책임을 지라고 소리쳤다. 로키는 아무 것도 하지 않고 입만 놀리는 무책임한 신들에게 억울함을 느꼈지만 문제를 해결하기 위해 바위를 옮기는 스바달파리가 있는 곳으로 향했다.

얼마 후 스바달파리 주변에 예쁘고 젊은 암말 하나가 나타났다. 암말은 스바달파리를 향해 추파를 던졌다. 욕망을 주체하지 못한 스바달파리는 바위를 팽개치고 숲으로 사라졌고 다음 날이 되어서야 나타났다. 돌을 옮기지 못한 건장한 사내는 결국 정해진 시간 내에 출입구를 완성하지 못했다. 건장한 사내는 아무것도 얻지 못하자 난동을 부리다가 전쟁의 신 토르가 휘두른 망치를 맞고 죽고 말았다.

얼마 후 로키는 다리가 여덟 개인 망아지 한 마리를 데리고 나타났다. 그러니까 스바달파리의 앞에 나타난 암말은 로키가 변장한 모습이었고 둘 사이에서 새 생명이 태어난 것이다. 로키는 그 망아지를 오딘에게 선물로 주었고 신들의 세계인 아스가르드는 언제 그랬냐는 듯이 평온해졌다.

그럼 결론은? 신들은 손 하나 까딱하지 않고 튼튼한 성벽을 얻었다. 오딘은 다리가 여덟 개 달린 망아지를 얻었다. 이 망아지가 훗날 오딘의 애마가 되는 슬레입니르다. 프레이야는 낯선 사내에게 시집을 가지 않아도 되었다. 해와 달은 여전히 하늘에서 빛났다.

이 모든 것은 로키의 제안 때문에, 또 그가 스스로 암말이 되어 스바달파리를 유혹했기 때문에 가능했다. 신들이 그냥 사내를 내쳤다면 성벽은 여전히 무너진 상태로 있었을 것이다.

트릭스터는 이렇게 장난스럽게 엉뚱한 짓을 저지른 것처럼 보이지만 결과적으로는 모두에게 좋은 결과를 만들어내는 존재이다.

트릭스터에게 평온한 일상은 견딜 수 없는 따분함을 의미한다. 늘 뭔가 긴장되고 짜릿한 흥밋거리가 필요했다. 그리고 트릭스터는 나쁘게 말하면 장난이나 말썽이 되고 좋게 말하면 생동감 넘치는 삶의 행위라고 부를 수 있는 그런 일을 저지를 수 있는 능력이 있었다.

## 난쟁이의 선물

이런 일도 있었다. 한동안 아스가르드에 아무 일도 생기지 않았다. 로키가 나설 때가 된 것이다.

전쟁의 신 토르의 아내 시프는 다른 여신들이 부러워할 정도로 아름다운 머리칼을 자랑했다. 어느 밤 로키는 시프가 자고 있는 방으로 몰래 숨어들어갔다. 문은 잠겨 있었지만 몸을 작게 만들어 들어간 다음에 미리 준비한 칼로 시프의 머리카락을 싹둑 자르고 그것을 바닥에 흩어놓았다.

방을 빠져나온 로키는 만족스럽다는 듯이 한바탕 웃음을 터뜨리고 미소를 지으며 기분 좋게 잠자리에 들었다.

한편 아침에 잠에서 깬 시프는 비명을 지르며 토르를 불렀다. 잘린 머리칼을 붙잡고 울고 있는 아내를 달래던 토르는 곧바로 로키가 범인임을 알아차렸다. 로키 외에 그런 일을 저지를 신이 없었다.

토르는 로키를 찾아가 윽박질렀지만 로키는 시치미를 뗐다. 화가 나서 얼굴이 붉어진 토르가 로키의 멱살을 잡고 죽이겠다고 으르렁댔다.

그제야 로키는 웃으며 장난이었다고 실토했다. 토르는 웃는 로키의 얼굴을 보며 어처구니가 없었다. 토르는 로키에게 원상 복구를 해놓지 않으면 뼈를 모두 부수겠다고 협박했다. 로키는 별일 아닌데 화를 낸다는 표정으로 너털웃음과 함께 토르의 앞에서 사라졌다.

로키는 불타는 무지개다리인 비프로스트를 건너 난쟁이들이 사는 지하세계로 향했다. 로키는 이발디의 아들인 두 난쟁이를 불러서 머리카락처럼 자라는 황금 머리카락을 만들어내라고 명령했다. 난쟁이들이 대가를 원하자 로키는 웃으며 신들의 따뜻한 감사를 얻을 수 있다고 대답했다.

대가를 바랄 수 없게 된 난쟁이들은 불평을 했지만 로키에게 밉보이면 무척 피곤해진다는 것을 알고 있었다. 난쟁이들은 금세 실제 머리카락처럼 자라는 아름다운 황금 머리카락을 만들어냈다.

그것을 본 로키는 웃으며 시프에게만 선물을 주면 다른 신들이 화를 낼지도 모른다고 말했다. 난쟁이들은 로키의 협박에 어쩔 수 없이 새로운 물건을 만들어내야 했다.

난쟁이들은 오딘을 위해 궁니르라는 이름을 가진 가늘지만 던지는 사람이 생각하는 대로 과녁을 향해 날아가는 능력을 가진 창과 풍요의 신 프레이르를 위해 접었다 펼 수 있는 휴대용 대형선박인 스키드블라드니르를 만들었다. 스키드블라드니르는 펼치면 수백 명이 탈 수 있지만 접으면 휴대할 수 있는 대단한 배였다.

로키는 이발디의 아들들에게 최고의 기술이라고 한껏 칭찬을 하고, 달리 말하면 말로 때우고, 그 자리를 떠났다. 로키는 아스가르드로 가려다가 무슨 생각을 했는지 음흉한 미소를 짓고 다른 난쟁이들을 찾아갔다.

브로크와 에이트리라는 난쟁이들은 로키가 들고 온 세 가지 물건을 자세히 보았다. 로키는 그 물건들이 최고의 기술이며 아무도 만들 수 없을 것이라고 단언했다.

두 난쟁이가 더 뛰어난 물건을 만들 수 있다고 하자 로키는 할 수 없다는 쪽에 자기의 머리를 걸겠다고 말했다. 난쟁이들의 질투심을 자극해서 다른 물건도 얻어낼 요량이었다.

두 난쟁이는 곧바로 불을 지피고 황금 털이 달린 수퇘지인 굴린부르스티와 황금 팔찌인 드라웁니르, 마법의 망치 묠니르를 만들어냈다.

두 난쟁이 가운데 하나인 브로크가 신들의 판정을 받겠다며 로키를 따라나섰다. 이들은 이참에 얄미운 로키의 머리를 얻을 생각이었다.

신들이 잔뜩 호기심을 품고 로키와 브로크 주변으로 몰려들었다. 로키는 말썽꾼이기도 하지만 늘 재밋거리를 제공하는 신이었다. 아마 로키가 없었다면 아스가르드의 신들은 따분함을 이겨내지 못했을 것이다.

로키의 목이 걸렸다는 말에 신들의 궁금증은 더욱 커졌다. 로키는 이발디의 아들들이 만든 오딘과 프레이르, 시프에게 주는 선물을 소개했고 신들은 그 아름다움과 효능에 놀라 입을 다물지 못했다. 로키는 승리를 확신했다.

다음으로 브로크가 자기들이 만든 선물을 소개했다. 황금 팔찌인 드라웁니르가 9일마다 동일한 무게의 황금 팔찌를 낳는 능력이 있다고 말했을 때 신들은 황금의 마녀 굴베이그를 떠올렸다. 신들에게 황금이 무슨 필요가 있단 말인가. 로키는 음흉한 표정으로 미소를 지었다.

다음으로, 황금 수퇘지인 굴린부르스티는 땅이든 하늘이든 말보다 빨리 달릴 수 있고 황금이기 때문에 어둠 속에서도 스스로 빛을 내며 달리는 기능이 있었다. 신들의 반응은 미지근했다.

마지막은 토르에게 주는 선물인 마법 망치인 묠니르였다. 던지면 부메랑처럼 다시 돌아오는 능력이 있고 세상에 부수지 못할 것이 없으며 크기를 자유롭게 조절할 수 있다는 브로크의 설명에 토르는 감동한 듯했다.

심사위원인 오딘과 토르, 프레이르는 모든 물건이 뛰어나지만 개인이 아닌 모두를 지켜줄 수 있는 묠니르가 최고의 선물이라는 판정을 내렸다.

브로크는 환성을 지르면서 칼을 꺼내 로키를 향해 다가왔다. 로키는 당혹스러운 표정으로 신들을 둘러보았지만 웃음을 지을 뿐 아무도 그를 도와주려고 하지 않았다. 로키는 밖으로 달아났지만 토르에 의해 잡혀왔다.

이때 로키는 잔꾀를 생각해냈다. 목을 잘라도 좋지만 피는 한 방울도 흘리면 안 된다고 말했다. 이는 셰익스피어의 명작 《베니스의 상인》의 유명한 판결과 닮았다.

오딘도 웃으며 로키의 말이 옳다고 대답했다. 브로크는 머리가 자기 것이니 자르는 대신 입술이라고 꿰매겠다고 하고 송곳으로 입술에 구멍을 내고 실로 묶었다.

로키는 고통스러운 비명을 질렀고 신들은 그 비명에 뒤질세라 웃음을 터뜨렸다. 로키는 그 모습을 보면서 언젠가 복수를 하겠다고 다짐했다.

이번 에피소드도 로키의 트릭스터로서의 진면목을 잘 보여준다. 로키는 장난처럼 시프의 머리카락을 잘라서 큰 소동을 일으켰지만 결과적으로 신들은 난쟁이들이 만든 뛰어난 선물을 받았다. 특히 묠니르는 전쟁의 신 토르를 상징하는 강력한 무기가 되었다.

이 모두가 로키의 장난에서 비롯된 것임을 잊지 말자. 로키가 암말로 변신해서 스바달파리를 유혹하는 모욕을 감내하고 입이 꿰매지는 고통을 감수한 덕분에 신들의 세계인 아스가르드를 지키는 튼튼한 성벽과 서리거인으로부터 신들의 세계를 지킬 수 있는 묠니르를 비롯한 많은 선물을 얻을 수 있었다.

## 트릭스터가 세상을 바꾼다

이 과정에서 정작 로키가 개인적으로 얻은 것은 아무것도 없다. 굳이 말하자면 로키가 얻은 것은 장난이 주는 짜릿한 즐거움이다. 아니 그것이 트릭스터의 진정한 목적이다.

트릭스터의 존재 이유는 그것이 장난이든 말썽이든 세상을 변화시키는 힘이다. 언젠가 일어날 일에 방아쇠를 당기는 역할이 트릭스터의 임무이기 때문이다.

로키는 위에 소개한 두 가지 신화 외에도 이야기를 끌어가는 주인공답게 거의 모든 신화에서 사건의 방아쇠를 당기고 스스로 화살이 되어 과녁을 향해 날아간다.

북유럽 신화에서 가장 큰 두 사건은 소설과 영화로 유명한 《반지의 제왕》에 결정적인 영향을 미친 '니벨룽겐의 반지'와 흔히 '신들의 황혼'이라고 불리는 라그나뢰크다.

이 두 사건 모두 악동을 닮은 로키의 짓궂은 장난에서 비롯된다. 뒤에서 자세히 다루겠지만 '니벨룽겐의 반지'는 난쟁이의 저주가 담긴 반지를 둘러싼 탐욕의 이야기로 반지에 저주가 담기게 된 것은 로키의 활약 때문이다.

그리고 또 하나의 사건으로 결국 로키는 세상을 완전히 뒤집어놓는다. 바로 라그나뢰크다.

라그나뢰크는 오딘의 아들이자 세상의 건강과 아름다움을 상징하는 청춘의 신 발데르의 죽음으로 시작된다. 당연히 발데르의 죽음에 로키가 깊이 개입되어 있다.

라그나뢰크는 두 세력의 전쟁으로 시작된다. 한쪽은 로키가 낳은 끔찍한 세 괴물을 필두로 하는 세력이고 다른 한쪽은 이런 일을 예감하고 있던 오딘이 불러 모은 용맹한 바이킹 전사와 신들이 하나가 된 세력이다.

비그리드라는 이름을 가진 들판에서 벌어진 전쟁으로 세 괴물과 오딘과 토르를 비롯한 많은 신들이 죽고 만다. 그렇다, 신들도 죽는다. 마침내 세상은 수르트라는 이름을 가진 불의 거인이 휘두르는 불칼 아래 모두 불타고 만다. 신들만 죽는 게 아니라 세상이 모두 불에 탄다.

그러나 끝이 나야 새로운 시작이 있는 법이다. 중학교를 졸
업해야 고등학교에 갈 수 있듯이 무엇이든 끝나야 '새로운 시
작'이 시작된다.

불에 탄 세계는 물속으로 가라앉고 얼마 후 새로운 세상이
다시 떠오른다. 그리고 최고신 오딘의 후예들과 우주 그 자체
인 나무 이그드라실에 숨었던 사람들이 그 새로운 세상의 주
인이 된다.

이렇게 로키의 엄청난 장난은 세상까지도 새롭게 바꾸어놓
는다. 예수도 새 술은 새 부대에 부어야 한다고 말했다. 오래되
어 낡은 것은 그것이 물건이든 생각이든 새로운 것으로 바뀌
어야 한다.

이렇게 낡고 오래된 것을 바꾸는 힘을 가진 존재가 트릭스
터이고 그래서 로키가 북유럽 신화를 이끌고 가는 주인공이라
고 한 것이다. 그렇기에 로키는 앞으로도 이 책 곳곳에 얼굴을
내밀 것이다.

# 3

불길한 로키의 아이들

## 로키의 아내와 아이들

로키는 트릭스터였기에 도덕적인 규범이나 사회적 질서 따위에는 관심이 없었다. 로키의 관심은 장난과 분탕질을 통한 세상의 변화였다. 도덕성에는 눈곱만큼의 관심도 없었다.

그것은 로키의 후손들도 다르지 않았다. 다르지 않았을 뿐만 아니라 로키를 뛰어넘어 세계를 멸망으로 이끌었다. 이 대단한 집안의 이야기를 들어보자.

로키의 아내는 시긴이라는 이름을 가진 여신이었다. 시긴은 로키와 정반대의 캐릭터를 가진 존재였다. 시긴은 매우 정숙하고 헌신적인 성격을 가졌다. 그러나 안타깝다고 해야 할지 로키와 시긴 사이에서 아이가 태어나지 않았다.

로키는 때때로 신들의 궁전이 있는 아스가르드를 빠져나와 서리거인들이 살고 있는 요툰헤임으로 발길을 옮겼다. 로키는 애인이며 서리거인인 앙그라보다와 며칠씩 시간을 보내곤 했다.

로키와 앙그라보다 사이에서 세 명의 아이들이 태어났다. 첫 번째 아이는 거대한 늑대인 펜리르였고, 둘째는 엄청나게 큰 뱀인 요르뭉간드, 막내는 딸인 헬이었다.

로키의 세 아이들은 모두 독특한 존재였다. 늑대와 뱀도 그렇지만 헬은 매우 독특하게 생겼다. 헬의 상체는 모두 분홍색이었다. 얼굴부터 어깨, 가슴, 팔 등 모두 그러했다.

하지만 엉덩이 아래는 검은 빛을 띠었다. 그래서 헬의 하체는 썩은 것처럼 보였다. 헬이 이런 용모를 갖고 있었기 때문에 그녀가 어디에 있더라도 쉽게 찾아낼 수 있었다.

신들도 로키와 앙그라보다 사이에서 세 아이가 태어났다는 소식을 들었다. 교활하고 영리한 로키를 생각하면 그 소식은 경사가 아니라 걱정거리이자 끔찍한 재앙이었다.

신들은 평소처럼 지혜를 품고 있는 미미르 샘물이 있는 이그드라실의 뿌리에서 회의를 개최했다. 물론 로키는 참석하지 않았다.

논의의 방향은 로키의 세 아이들을 그대로 방치할 수 없다는 것으로 향했다. 그때 미미르의 샘을 지키는 세 운명의 여신들이 입을 열었다. 과거를 지배하는 우르드가 말했다.

"그 아이들의 어머니가 사악한 서리거인임을 잊어서는 안 됩니다."

그러자 미래를 지배하는 베르단디가 옳다는 듯이 고개를 끄덕이며 말했다.

"아이들의 아버지인 로키는 더욱 사악하다는 것을 잊지 마세요."

신들은 두 여신의 말에 생각만 해도 끔찍하다는 듯이 고개를 저었다. 그때 현재를 지배하는 운명의 여신인 스쿨드가 나지막이 말했다.

"그 아이들에게서 기대할 것은 아무것도 없습니다. 그 아이들이 결국 당신들을 위험에 빠뜨리고 파멸로 몰고 갈 것입니다. 그 아이들로 해서 세상에 종말이 찾아올 것입니다."

무섭고도 끔찍한 예언이었다. 그 말을 들은 신들은 누구 하나 숨도 제대로 쉬지 못했다. 그렇게 한동안 무거운 침묵이 이어졌다.

신들은 스쿨드의 경고가 담긴 예언을 듣고 먼저 로키의 아이들을 실제로 확인해보기로 했다.

여러 신들이 요툰헤임으로 가서 몰래 앙그라보다의 집으로 잠입했다. 앙그라보다가 자고 있는 것을 확인하고 그녀의 입을 막고 몸을 묶은 다음 세 아이들을 납치해서 신들의 궁전이 있는 아스가르드로 돌아왔다.

오딘은 로키의 세 아이들을 하나씩 살펴보았다. 그런 다음 먼저 큰 뱀인 요르뭉간드를 인간들이 살고 있는 미드가르드를 감싸고 있는 바다로 집어던졌다.

요르뭉간드는 한동안 날아간 다음 큰 소리를 내며 바다에 떨어졌다. 그 이후 요르뭉간드는 바다 깊숙한 곳에서 살았다.

요르뭉간드는 시간이 지나면서 엄청나게 큰 뱀으로 자라났고 완전히 자란 다음에는 바다를 한 바퀴 돌 정도로 커졌다. 자기의 꼬리를 입으로 물 수 있을 정도였다. 요르몽간드는 항해하는 선원들을 잡아먹으며 살았다.

다음은 헬. 오딘은 헬도 아스가르드 바깥으로 집어던졌다. 헬이 떨어진 곳은 어두컴컴하고 축축한 느낌을 주는 지하에 있는 니플헤임이었다. 오딘은 헬에게 그곳에서 죽은 사람을 돌보라는 명령을 내렸다.

헬은 니플헤임에 벽을 쌓았다. 벽 안쪽은 그녀의 세계가 되었다. 헬은 그곳에서 나머지 여덟 세계에서 병이 들거나 늙어서 죽은 존재들과 함께 지냈다. 헬은 죽은 자의 세계를 지배하는 여왕이 되었다. 이후 헬은 로키의 딸을 가리키는 인물의 이름인 동시에 죽은 자의 세계를 가리키는 지역의 이름이 되었다.

문제는 장남인 늑대 펜리르였다.


## 거대 괴물, 펜리르

펜리르는 세 아이들 가운데에서도 가장 사악하고 위험한 존재였다. 그래서 오딘은 펜리르를 가까이에 두고 감시하는 것이 좋겠다고 판단했다.

펜리르는 아직 어렸기 때문에 겉으로 보기에 다른 늑대와 다르지 않았다. 그래서 신들은 펜리르를 아스가르드의 평원에 풀어놓고 자유롭게 돌아다니게 내버려두었다.

펜리르는 아스가르드를 활보하며 신들 사이에서 자랐다. 그런데 날이 가면서 하루가 다르게 펜리르의 몸집이 커졌다. 신들 가운데 펜리르를 통제할 수 있는 것은 오딘의 아들이며 법의 신인 티르뿐이었다.

심상치 않은 펜리르의 성장 속도를 본 신들은 그대로 내버려둘 수 없다는 판단을 내렸다. 펜리르가 늑대라기보다 괴물이라고 불러야 할 정도로 큰 덩치를 가진 늑대가 되었던 것이다.

펜리르가 신들도 어찌할 수 없는 힘을 가진 괴물로 변해가고 있을 때 운명의 여신들이 충격적인 예언을 내놓았다. 그것은 훗날 세상의 종말이 찾아오면 펜리르가 신들의 왕인 오딘을 죽일 것이라는 내용이었다.

그 예언을 들은 신들은 그렇지 않아도 위협적인 펜리르를 아예 살해해서 없애자고 주장하기도 했다. 하지만 신성한 아스가르드를 피로 더럽힐 수 없었기 때문에 펜리르를 묶어두기로 결정했다.

그런데 펜리르를 어떻게 묶을 것인지가 고민이었다. 그래서 신들은 라에딩이라고 부르는 강력한 쇠줄을 하나 만들었다. 신들은 펜리르를 쇠줄로 묶었다.

펜리르는 아무렇지 않다는 듯이 저항하지 않고 신들이 자기를 묶도록 내버려두었다. 신들은 펜리르의 몸통과 다리, 머리를 묶었다. 신들이 쇠줄로 펜리르를 다 묶고 뒤로 물러나자 펜리르가 숨을 크게 들이마신 다음 몸에 힘을 주었다. 그러자 곧 쇠줄이 툭 소리를 내며 끊어졌다.

신들은 너무 놀라 뒤로 한 걸음 더 물러섰다. 신들은 펜리르의 엄청난 힘을 확인했다. 신들은 다시 새로운 줄을 만들었다. 이번에는 드로미라고 불리는 라에딩보다 두 배 이상 질긴 쇠줄이었다.

펜리르는 신들이 쥐고 있는 드로미를 가만히 보았다. 그리고 고개를 돌리고 신들이 자기를 묶게 내버려두었다. 신들은 드로미로 펜리르의 몸을 꽁꽁 묶었다.

묶기가 끝나자 펜리르는 묶인 채로 자리에서 일어났다. 펜리르는 몸을 잔뜩 움츠렸다가 힘을 폭발시키듯이 몸을 쭉 폈다. 그러자 펜리르를 묶었던 드로미 역시 그 힘을 견디지 못하고 끊어졌다.

쇠줄은 수십 개의 조각으로 끊어졌다. 압도적인 힘이었다. 신들은 펜리르가 가진 힘에 겁을 집어먹고 짙은 불안을 느꼈다. 신들은 펜리르를 묶어 둘 수 없다는 사실에 강한 공포와 절망을 느꼈다.

신들이 망연자실한 표정을 짓고 있을 때 오딘이 절대로 끊어지지 않는 족쇄는 난쟁이들밖에 만들지 못한다고 말하고 난쟁이들이 사는 곳으로 신을 파견했다.

난쟁이들은 황금을 듬뿍 주겠다는 말에 눈을 번뜩이며 줄을 만들기 시작했다.

## 끊어지지 않는 마법의 줄

여러 난쟁이들은 먼저 한자리에 모여 머리를 맞대고 어떻게 하면 절대로 끊어지지 않을 줄을 만들 수 있을지 논의했다. 그리고 곧바로 작업을 시작했다. 난쟁이들은 분주하게 오가며 일을 마쳤다.

그리고 비단처럼 매끄럽고 부드러운 줄 하나를 신에게 건네주었다. 난쟁이들은 그 줄의 이름이 글레입니르라고 했다. 오딘의 명령을 받은 신은 부드러운 줄을 받아들고 의아했지만 난쟁이들의 설명을 듣고 기뻐하며 아스가르드로 돌아왔다.

난쟁이들이 줄을 만들 때 사용한 여섯 가지 성분은 세상에 없는 것이었다. 고양이가 움직일 때 내는 소리, 여자의 수염, 산의 뿌리, 물고기의 숨, 새의 침, 곰의 힘줄이 그것이었다.

이들은 모두 세상에 존재하지 않는 것이다. 존재하는 게 있다면 곰의 힘줄 정도였다. 이렇게 세상에 존재하지 않는 것으로 만든 줄이라면 역시 세상에 존재하지 않는 힘이 아니면 끊을 수 없게 된다.

신들은 난쟁이들이 만든 글레입니르를 들고 다시 펜리르를 찾아갔다. 신들은 펜리르를 링비라고 부르는 작은 섬으로 데리고 갔다. 펜리르를 묶어서 그 섬에 가두어둘 생각이었다.

펜리르는 신들이 손에 쥐고 있는 글레입니르를 보자 의심의 눈초리를 던지며 마법이 걸려 있는 끈일지도 모른다며 묶이지 않으려고 했다.

신들은 글레입니르까지 풀어내면 자유롭게 풀어주겠다고 약속했다. 또한 글레입니르를 풀어내면 세계에서 가장 힘이 센 늑대임을 증명하는 것이라고 한껏 부추겼다. 겁쟁이가 아니라면 시험해보라고 유혹했다. 펜리르는 겁쟁이라는 말에 발끈했다.

펜리르는 신들에게 자기를 속이지 않겠다는 약속을 하라고 말했다. 신들이 약속을 하겠다고 맹세하자 그 약속의 징표로 자기를 묶을 때 누군가 팔을 자기 입에 넣고 있으라고 요구했다. 신들은 얼굴을 마주 보며 난처한 표정을 지었다.

마법이 통한다면 펜리르는 꼼짝없이 묶일 것이고 그 입속에 들어 있는 팔은 위험해질 것이 뻔했다.

신들이 주저하고 있을 때 펜리르와 친하게 지냈던 법의 신이며 오딘의 아들인 티르가 나섰다. 티르는 두려워하지 않는 표정으로 팔을 펜리르의 입속에 넣었다.

신들은 재빨리 마법의 줄로 펜리르를 묶었다. 펜리르는 아까처럼 몸을 잔뜩 움츠렸다가 힘을 주어 줄을 끊으려고 했지만 마법의 줄을 끊을 수 없었다.

신들은 환호성을 질렀지만 팔이 잘려나간 티르는 고통스러운 비명을 질렀다. 신들은 마법의 줄 끝에 쇠로 만든 큰 사슬을 연결해서 단단한 바위에 묶었다. 그리고 그 바위 위에 더욱 큰 바위를 올려놓았다.

펜리르는 쉬지 않고 으르렁거렸다. 한 신이 벌어진 펜리르의 입에 칼을 꽂아 넣었다. 이로써 재갈까지 채운 셈이었다. 이때 펜리르의 입에서 흘러나온 침은 본이라는 이름을 가진 강이 되었다.

펜리르는 오랫동안 그렇게 묶여 있었다. 그러나 세계의 종말이 찾아오면 펜리르는 마법의 줄에서 풀려나게 된다.

세상에 존재하지 않는, 또는 존재하지 말아야 하는 세상의 종말이 세상에 나타나면서 끊을 수 없는 글레입니르가 끊어졌기 때문이다.

# 4

죽음으로 삶을 바꾼 오딘

## 폭풍을 닮은 오딘

다음으로 만나볼 신은 북유럽 신화의 최고신이며 폭풍의 신인 오딘이다. 사실 대부분의 신화에서 최고신은 폭풍의 신이다. 그리스 신화의 제우스도 그렇고 인도 신화의 인드라도 그렇다.

이들의 무기는 폭풍이 동반하는 천둥과 번개다. 그것은 고대인들이 가장 두려워했던 것이 폭풍이었기 때문이다. 달리 말하면 고대 세계에 존재하는 가장 강력한 힘은 폭풍이었다는 말이다.

그래서인지 오딘의 모습은 폭풍을 닮았다. 겉으로 드러난 전체적인 오딘의 이미지는 폭풍의 눈처럼 고요하고 평온해 보이지만 내부적으로는 폭풍의 표면처럼 폭발적이고 강한 힘을 갖고 있다.

오딘의 삶은 거칠고 황량한 북유럽 세계의 자연을 닮아 있다. 오딘은 그런 자연환경에 굴복하지 않고 그것을 극복하는 과정에서 오히려 위대하고 지혜로운 신으로 거듭난다.

오딘은 지혜를 얻기 위해 눈을 하나 뽑아서 대가로 치렀고 심지어 마법의 능력을 얻기 위해 생명을 걸기도 했다.

오딘의 이런 모습은 겉으로는 풍요롭지만 안으로 치열한 삶을 살아가고 있는 현대인에게 어떻게 살아야 하는지를 보여주는 훌륭한 롤 모델이 된다.

오딘은 우리가 무엇인가를 얻기 위해 나의 가장 소중한 것을 내주어야 한다는 것과 삶을 이끌어가는 지혜는 그냥 주어지는 것이 아니라 목숨을 걸고 애써야 얻을 수 있다는 것을 알려준다는 점에서 그렇다.

북유럽 신화에서 오딘은 최고신이기 때문에 많은 곳에서 얼굴을 내밀지만 결정적인 역할을 맡는 경우는 많지 않다.

여기서는 오딘 개인의 삶과 오딘의 성격을 잘 드러내어 보여주는 이야기를 몇 편 살펴보려고 한다. 이제부터 오딘의 폭풍과도 같은 삶의 편린들을 들여다보자.


## 나무에 거꾸로 매달리기

잘 알려져 있지 않지만, 내게는 오딘하면 가장 먼저 떠오르는 것이 스스로 목숨을 끊은 일이다. 이렇게 말하면 신이 자살을 했다고 의아해 할 지도 모르겠다.

사실 그랬다. 오딘은 스스로 자기 몸에 창을 찔러 목숨을 버렸다. 물론 연인과 결별한 충격이나 경제적인 빈곤 때문에 목숨을 끊은 것은 아니다. 오딘이 스스로 삶을 버린 것은 자기를 향상시키기 위함이었다.

사건의 전말은 이렇다. 오딘은 앞서 잠깐 이야기했듯이 지혜의 샘물을 마시기 위해 그 대가로 자기의 한쪽 눈을 내놓았다. 샘물을 마신 덕분에 지혜로워졌지만 오딘은 충분하다고 생각하지 않았다. 그래서 고민 끝에 세상을 감싸고 있는 이그드라실로 향했다.

이그드라실은 세상의 모든 것을 품고 있는 어머니와 같은 존재였다. 가장 본질적이고 깊은 힘을 갖고 있는 존재였다. 그 힘에는 세상을 움직이는 원리와 지혜가 포함되어 있었고 오딘은 그것을 얻고 싶었다.

지혜의 샘물 한 모금 마시는 데 한쪽 눈이 필요하다면 세상을 움직이는 원리와 지혜를 얻기 위해서는 무엇을 내놓아야 할까? 아마도 가장 소중한 것을 걸어야 하지 않을까? 한번 생각해 보라, 가장 소중한 것이 무엇인지를.

오딘은 생명이라고 생각했다. 그는 언젠가 신들에게 이때 있었던 일을 털어놓은 적이 있다. 그때 가장 소중한 것은 생명이라고, 그래서 최고의 지혜를 얻기 위해 생명을 내놓았다고 회상했다.

오딘은 우주의 어머니인 이그드라실에 거꾸로 매달렸다. 그리고 자기의 생명을 줄 테니 최고의 지혜를 달라고 요구한 다음에 스스로 자기 몸에 창을 찔러 죽었다.

그렇게 9일이 지나갔다. 죽은 오딘의 몸 위로 햇살이 비추기도 하고 바람이 지나가기도 했다. 바람이 불면 몸이 흔들렸다. 그 누구도 오딘을 되살려낼 수 없었다.

오딘은 죽은 상태로 세상을 바라보았다. 게다가 그는 거꾸로 매달려 있었다. 세상을 뒤집어서 보고 있었던 것이다. 그러다가 문득 신비한 힘을 갖고 있다고 알려진 고대 문자인 룬 문자를 이해했다. 그리고 그 순간 생명을 되찾았다.

죽었다가 살아났다는 것에 의문을 품지는 말자. 죽었다가 되살아난 신이 오딘만은 아니다. 또한 죽음은 끝의 상징이기도 하다. 어른이 된다는 것은 달리 표현하면 '아이의 죽음'이다. 결혼은 총각 처녀 시절의 종말이다.

《반지의 제왕》에서 여러모로 오딘을 닮은 회색의 마법사 간달프는 괴물과 싸우다가 지하로 떨어진다. 반지원정대는 그가 죽었다고 생각했지만 죽음에서 돌아온 간달프는 한 단계 업그레이드된 흰색의 마법사가 되었다. 이때 회색에서 흰색으로 바뀐 것은 능력의 향상을 의미한다.

죽음을 통해 다음 단계로 이행할 때 죽음은 끝과 종말의 상징이고 그 끝과 종말의 뒤에는 새로운 시작이 있다.

이는 북유럽 신화를 관통하는 매우 중요한 주제 가운데 하나일 뿐만 아니라 우리의 삶을 지배하는 마법의 힘 가운데 하나이다.

오딘은 죽음을 통해 열여덟 가지의 마법을 이해했다. 첫 번째 마법은 '도움'이다. 슬픔을 느끼는 자에게는 위안을 주고 고통을 느끼는 자에게 그 고통을 덜어주며 아픈 상처를 입은 자를 치유해주는 마법이었다.

그 외에도 우리가 쉽게 상상할 수 있는 적의 창칼을 무디게 만드는 마법도 있고 날아가는 화살이나 창을 멈추게 해서 잡을 수 있는 마법도 있었다. 또한 사나운 불길을 끄는 마법, 폭풍우를 잠재우고 높은 파도를 가라앉힐 수 있는 마법, 마음속 깊이 파고드는 증오를 송두리째 뽑아낼 수 있는 마법, 노래를 통해서 용기를 얻는 마법, 죽어가는 자를 살려내는 마법, 어린아이의 머리에 물을 뿌려서 죽지 않게 만드는 마법, 마녀들을 물리치는 마법, 세상의 모든 여자들의 마음을 빼앗을 수 있는 마법과 자기를 좋아하는 여자가 싫증을 느끼고 떠나게 만들 수 있는 마법 등이다.

마지막 열여덟 번째 마법은 우리가 모두 갖고 있는 것이다. 바로 자기만이 알고 있는 '진실'이 그것이다.

이제 오딘은 세상에서 가장 지혜로운 자가 되었다. 그 지혜로운 자가 이야기를 풀어낸다. 앞에서 로키는 과녁을 향해 날아가는 예리한 화살과 같다고 말했다. 그 비유를 빌리면 오딘은 그 화살을 당기는 존재다. 사람들은 과녁에 꽂힌 화살을 보며 환호하지만 활을 쏘는 존재가 없다면 화살을 쏠 수 없다.

그런데 오딘은 때때로 이해하기 힘들거나 어리석어 보이는 행동을 한다. 그래서 큰 지혜는 큰 어리석음과 같다(大智若愚)는 말이 오딘에게 적절해 보일 때가 많다. 몇몇 신화를 통해 오딘의 삶을 엿보기로 하자.

## 신들의 침에서 태어난 현자

오딘은 평소 자기의 궁전인 발라스칼프에서 홀로 앉아 생각에 잠기거나 세상을 바라보고 있을 때가 많았다. 그때는 양쪽 어깨에 후긴(생각)과 무닌(기억)이라는 이름을 가진 까마귀가 앉아 있고 발치에는 게리와 프레키라는 이름을 가진 늑대 두 마리가 함께 했다.

오딘은 다른 신들과 함께 여행을 하기도 했지만 많은 시간을 홀로 의자에 앉아 지냈다. 앞서 말한 것처럼 오딘은 활을 쏘는 존재(화살은 주로 로키)였기에 행동하기보다는 주로 생각에 시간을 보내는 인물이었다.

그래서 오딘은 사건을 일으키는 역할을 맡을 때는 있지만 스스로 나서서 해결하는 일은 거의 없었다. 그런 그가 직접 사건에 뛰어들어 해결한 일이 있었다.

오딘이 직접 뛰어든 것은 그 사건이 현명함에 대한 것이었기 때문이다. 누구보다 현명함과 지혜에 관심이 많은 오딘이었다.

사건의 발단은 아스 신족과 바니르 신족이 전쟁을 벌였던 때로 거슬러 올라간다. 그때 신들은 화해를 하고 그 징표로 몇몇 신을 교환하고 거기에 더해서 흥미로운 이벤트를 벌였다.

그것은 침 뱉기였다. 남자와 여자를 가리지 않고 모든 신들이 커다란 그릇에 침을 뱉었다. 이렇게 하나로 섞인 침은 신들이 다시는 싸우지 않겠다는 증거였다. 서로의 몸에서 나온 체액을 섞어 모두가 하나가 되었음을 의미하는 의식과도 같았다. 목숨을 건 맹세를 할 때 그 자리에 있는 사람들이 손가락에서 피를 내고 그 피를 섞어 함께 마시는 것과 비슷했다. 섞는다는 것은 하나가 된다는 것을 의미한다.

신들의 침이 가득 든 그릇을 가져간 것은 오딘이 속해 있는 아스 신족이었다. 전투적이고 모험심이 강한 아스 신족은 그 증거를 소중하게 다루며 평화의 의미를 깊이 새기겠다고 다짐했다.

침이 담긴 그릇을 가져온 아스 신족은 그 침을 모아서 사람의 모습으로 만들었다. 침이 가득 담긴 그릇보다 사람의 모습이 보기에도 훨씬 좋았기 때문이다. 이렇게 신들의 침에서 태어난 사람의 이름은 크바시르였다.

크바시르는 신들의 몸에서 나온 것과 같아서 뛰어난 통찰력과 현명함, 인내력 등을 타고났다. 거기다가 말재주까지 뛰어났다. 그래서 모든 신과 인간, 난쟁이, 심지어 서리거인까지 크바시르에게 조언을 구했고 그 조언은 엇나간 적이 없었다.

늘 크바시르 주위에는 그를 만나기 위해 신과 인간, 난쟁이가 북적거렸고 그는 가는 곳마다 대대적인 환영을 받았다. 크바시르가 나타나면 모두 하던 일을 멈추고 크바시르의 이야기를 듣기 위해 달려왔고 귀를 쫑긋하고 기울였다. 크바시르는 최고의 현자였다.

신들로부터 서리거인까지 모두가 크바시르를 좋아하는 이유는 따로 있었다. 크바시르는 자기를 내세우지 않았다. 늘 겸손한 태도로 상대를 대했고 진심으로 상대를 존중했다. 크바시르는 날카로운 통찰력과 깊이를 알 수 없는 지혜를 갖고 있었지만 상대를 억압하거나 무시하지 않고 상대의 의견을 듣고 그에 맞는 처방을 내놓았기 때문에 신들부터 서리거인까지 모두 그를 환영했던 것이다.

크바시르는 스스로 해답을 찾도록 이끌어주는 것이 자기의 역할이라고 생각했고, 그것이야말로 진정한 현명함이었다. 이런 겸손함과 현명함이야 말로 진정한 마법일지도 모르겠다. 흔히 생각하듯 특별한 힘이 아니라.

## 술이 된 크바시르

크바시르가 현명하고 지혜롭다는 소문이 악랄하고 사악한 난쟁이 형제인 팔라르와 갈라르의 귀에도 들어갔다. 팔라르와 갈라르 형제는 처음에 대수롭지 않게 여겼지만 끊임없이 크바시르를 칭찬하는 이야기가 들려오자 강한 질투심과 탐욕에 사로잡혔다. 겸손함과 현명함의 반대쪽에 있는 것이 질투심과 탐욕이다.

팔라르와 갈라르는 크바시르가 현명하고 지혜롭다면 그것은 자기들의 것이 되어야 한다고 생각했다. 난쟁이들은 크바시르를 초대해서 살해했다. 그리고 그의 몸에서 흘러나온 피를 항아리에 담은 다음 꿀을 넣고 오랫동안 공을 들여서 저었다.

이렇게 크바시르의 피와 꿀이 섞여 최고의 벌꿀술이 되었다. 신들의 침을 모아 만든 인간 크바시르의 피가 주성분이었기 때문에 이 술을 한 모금만이라도 마시면 누구나 뛰어난 시인이나 현자가 될 수 있었다.

얼마 후 이 난쟁이들을 찾아온 손님이 있었다. 무서운 서리거인인 길링 부부였다. 사악한 난쟁이와 무서운 서리거인이 서로 잘 어울릴 수가 없었다. 사소한 말다툼이 있고 난쟁이들은 길링 부부를 죽이기로 결정했다.

난쟁이들은 먼저 길링을 불러내서 바다로 데리고 가서 물에 빠뜨려 죽였다. 그런 다음 길링의 아내에게 불의의 사고로 길링이 죽었다고 알렸다. 난쟁이들은 슬퍼하는 길링의 아내를 밖으로 불러냈다. 길링의 아내가 밖으로 나왔을 때 맷돌을 떨어뜨려 살해했다.

한편 난쟁이를 만나러 간 부모가 돌아오지 않자 길링의 아들 수퉁이 난쟁이를 찾아왔다. 수퉁은 다짜고짜 난쟁이들을 족쳤고 힘을 당해낼 수 없었던 난쟁이들은 수퉁을 달래기 위해 크바시르의 피와 꿀을 섞어서 만든 술을 내주었다. 벌꿀술이라는 보물을 얻은 수퉁은 더 이상 부모의 죽음에 관심을 두지 않았다.

벌꿀술을 얻은 수퉁은 그것을 잘 숨겨두기 위해 산으로 가지고 갔다. 산의 중심부에 있는 바윗덩어리를 뚫고 들어가 그 안에 방을 하나 만들고 딸인 군로드에게 이를 지키게 했다.

수퉁이 난쟁이 형제와 다른 점은 자기가 갖고 있는 보물에 대해 스스로 떠들고 다녔다는 점이다. 수퉁은 만나는 자들에게 위대한 힘을 가진 벌꿀술에 대해 털어놓았다. 이렇게 해서 곧 신들도 난쟁이들이 크바시르의 피로 만든 벌꿀술이 어떤 과정을 거쳐 수퉁에게 가 있는지를 알게 되었다. 신들은 크바시르가 신들의 침으로 만든 사람이었기 때문에 그 피로 만든 벌꿀술 역시 찾아와야 한다고 주장했다.

그러자 신들의 왕인 오딘이 자기가 직접 가서 찾아오겠다고 나섰다. 애꾸눈 오딘은 볼베르크라는 이름을 가진 서리거인으로 변신했다. 그는 아스가르드를 벗어나 서리거인들이 살고 있는 거친 땅인 요툰헤임으로 향했다. 눈이 덮여 있는 산길을 지나서 푸른 골짜기로 향했다. 그 골짜기에는 건장한 사내들이 일을 하고 있었다. 그들은 미드가르드에서 품을 팔기 위해 요튠헤임으로 온 농노들이었다. 아홉 명의 농노들이 풀을 베고 있었다.

농노들은 수퉁의 형제인 바우기에 고용되어 있었다. 오딘은 그곳에서 바우기와 수퉁에 대한 정보를 얻었다. 오딘은 대가로 숫돌을 꺼내 농노들의 무딘 낫을 예리하게 갈아주었다. 농노들은 오딘의 숫돌을 갖고 싶어 했다. 오딘은 딱 한 사람에게 팔겠다고 말했고 농노들은 그 숫돌을 차지하기 위해 싸우다가 모두 죽었다.

오딘이 변장한 볼베르크는 수퉁의 형제인 바우기를 찾아갔다. 바우기는 농노들이 모두 죽어서 곤란해 하고 있었다. 볼베르크는 아홉 명의 일을 해줄 수 있다며 그 대가로 수퉁이 갖고 있다는 술을 한 모금만 마시게 해달라고 제안했고 일손이 급했던 바우기는 이를 받아들였다.

그해 여름 볼베르크는 바우기의 농장에서 열심히 일을 했다. 해가 뜨면 들판으로 나갔고 저녁이 되어서야 농장으로 돌아왔다. 볼베르크는 바우기에게 약속한 것처럼 거의 쉬지 않고 아홉 명이 할 일을 혼자서 다 해냈다. 바우기는 볼베르크가 보통 거인이 아니라고 생각했다. 그리고 시간이 흘러서 여름이 지나갔고 볼베르크는 바우기에게 보수를 달라고 요구했다.

바우기는 수퉁을 찾아가 술을 조금 나누어 달라고 했지만 거절당했다. 바우기가 빈손으로 돌아오자 볼베르크는 사나운 맹수처럼 으르렁거리며 약속을 지키라고 말했다. 송곳을 주면서 술을 숨겨놓은 산에 구멍을 내달라고 요구했다.

바우기는 수퉁도 무서웠지만 볼베르크도 무서웠다. 그는 어쩔 수 없이 송곳으로 암벽에 구멍을 냈다. 구멍이 생기자 볼베르크는 뱀으로 변신해 그 구멍으로 들어갔다. 술이 숨겨진 방에 도착한 오딘은 뱀에서 볼베르크로 돌아왔다. 볼베르크는 비록 애꾸지만 멋진 서리거인의 모습이었다.

수퉁의 딸 군로드는 낯선 사람의 등장에 놀랐지만 그의 멋진 모습에 한눈에 반하고 말았다. 오딘은 세상 모든 여자들의 마음을 빼앗을 수 있는 마법을 알고 있는 신이었다. 군로드는 오딘과 나란히 앉아서 이런저런 잡담을 주고받거나 오딘이 들려주는 아름다운 노래에 귀를 기울였다. 벌꿀술을 지켜야 한다는 생각 따위는 군로드의 머리에 하나도 남아 있지 않았다.

군로드는 서리거인으로 변신한 오딘에 취하기 시작했고 몸이 달아오른 군로드는 오딘을 껴안았다. 군로드와 오딘은 사흘 동안 밀폐된 석실에서 뜨거운 이야기와 달콤한 사랑을 나누었다.

분위기가 무르익자 오딘은 군로드에게 술을 한 모금 마시게 해달라고 부탁했다. 군로드는 자리에서 벌떡 일어나 오딘의 손을 잡고 벌꿀술을 숨겨둔 곳으로 데리고 갔다.

멋진 서리거인으로 변신한 오딘은 딱 세 모금을 마셨다. 벌꿀술은 세 항아리에 담겨 있었는데 한 번에 하나씩 모두 마셔버렸다. 수퉁이 숨겨둔 술을 모두 입안에 집어넣은 것이었다. 군로드는 놀란 표정으로 오딘을 바라볼 뿐이었다. 원하는 것을 모두 손에 넣은 오딘은 곧바로 석실에서 빠져나와 독수리로 변해서 아스가르드를 향해 날아가기 시작했다.

## 현명함은 사악함과 어리석음이 발효된 것

수퉁은 벌꿀술을 숨겨놓은 곳에서 독수리 한 마리가 날아오르는 것을 보았다. 수퉁은 직감적으로 그것이 벌꿀술을 훔쳐서 달아나는 것임을 깨달았다. 재빨리 벌꿀술을 마신 자만이 알 수 있는 마법의 주문을 외었다. 그러자 수퉁은 거대한 독수리로 모습이 바뀌었다. 독수리가 된 수퉁은 아스가르드를 향해 날아가는 독수리를 쫓아가기 시작했다. 하늘에서는 두 독수리의 쫓고 쫓기는 추격전이 벌어졌다.

아스가르드에서 그 모습을 보고 있던 신들은 재빨리 커다란 항아리와 통을 준비해서 아스가르드의 성벽 안쪽에 늘어놓았다. 오딘이 변신한 독수리는 뒤에 쫓아오는 독수리를 피하기 위해 이리저리 고개를 돌리고 몸을 틀면서 아스가르드를 향해 날아갔다.

그때 오딘이 입에 담고 있던 벌꿀술이 몇 방울 땅으로 떨어졌다. 가끔 인간들 가운데 위대한 시인이 태어나는 것은 그들이 이 벌꿀술을 마셨기 때문이다.

신들은 초조한 마음으로 아스가르드를 향해 날아오는 독수리를 지켜보았다. 마침내 엄청난 굉음과 함께 오딘이 변신한 독수리가 아스가드르 성벽 안으로 들어왔고 허겁지겁 신들이 미리 준비해놓은 항아리와 통에 수퉁에게서 빼앗은 벌꿀술을 뱉어냈다.

바로 코앞까지 추격했던 수퉁이 변신한 독수리는 날카로운 비명을 지르며 아스가르드 성벽 위를 몇 차례 선회하다가 몸을 돌려 요툰헤임으로 돌아갔다. 이렇게 해서 크바시르를 죽인 난쟁이들이 만든 벌꿀술이 서리거인 수퉁의 손에 들어갔다가 아스가르드의 신들에게 돌아왔다.

수퉁은 자기가 난쟁이들을 협박해서 빼앗은 것이기 때문에 신들에게 벌꿀술을 빼앗겼다고 하소연을 할 수도 없었다. 오딘이 비록 교묘한 잔꾀를 부리기는 했지만 그 또한 탓할 수 없는 노릇이었다.

수퉁은 세상 최고의 보물을 소유했지만 그 속에 담겨 있는 지혜를 활용하지 못했다. 신들의 처지에서 보면 신들이 영원한 평화를 바라며 뱉은 침으로 만들어낸 인간 크바시르를 잃었지만 사악한 난쟁이들에 의해 크바시르의 피는 달콤한 벌꿀술이 되었고 다시 어리석은 서리거인 수퉁의 손에 들어가 숙성이 된 이후 신들에게 돌아왔다는 점에서 전화위복이 된 셈이다.

이 벌꿀술을 통해 전투적이고 모험심이 강한 신들은 아름다운 노래를 부를 수 있는 현명한 시인이 되었고 때때로 인간 세상에서도 위대한 시인이 태어났다.

이 이야기를 통해 현명함과 지혜가 어떻게 형성되고 단련되는지를 알 수 있다. 빛이 강하면 그늘도 짙어지는 것처럼 현명함과 지혜는 사악함과 어리석음을 통해 본래의 모습을 드러낸다. 현명함은 어리석음과 사악함을 통해 숙성되고 발효된다.

이때 사악함을 상징하는 것은 난쟁이 형제들이며 어리석음을 상징하는 것은 서리거인 수퉁이다. 신들의 침은 신들의 몸에 내장되어 있는, 그래서 아직 형태를 갖추지 못한 현명함과 지혜의 재료이며 그것이 하나로 모여 크바시르라는 실체가 된다.

그리고 그 실체는 앞에서 본 난쟁이들의 사악함과 수퉁의 어리석음을 통해 단련되고 숙성되어 현명함과 지혜의 본질에 이르게 된다. 술이 되었다는 것은 개념이 아니라 언제든 마실 수 있는, 그래서 일상화되었음을 의미한다.

오딘은 이 이야기를 통해 바이킹들에게 그리고 현대의 우리에게 서로 대립되는 현명함과 탐욕에 대한 이야기를 한다. 현명함은 어리석음과 탐욕의 과정을 거쳐야 얻어진다는 것을 말이다. 실제로 무슨 일이든 처음부터 잘 될 수 없다. 시행착오를 거쳐야 하는데 그것을 두려워하면 달콤한 열매를 얻을 수 없다. 오딘이 직접 나서서 사건을 해결한 이유도 그 마법과도 같은 진실을 알려주기 위해서가 아니었을까.

# 5

북유럽 세계의 해결사, 토르

## 북유럽 세계의 해결사

토르는 잘 알려진 것처럼 전쟁을 담당하는 신이다. 토르가 싸우는 대상은 대체로 서리거인들이다. 아스가르드의 신들은 서리거인과의 다툼을 전적으로 토르에게 맡긴 상태다.

그런데 흥미로운 것은 거인들과의 다툼을 유발하는 것은 토르가 아니라 오딘이나 로키, 그리고 다른 신들이다. 그러니까 토르는 신들의 해결사와 같은 일을 하고 있는 셈이다. 누군가 저지른 일을 폭력으로 해결하고 마무리하는 역할이다.

토르가 해결사의 역할을 맡게 된 것은 그가 지니고 있는 엄청난 힘 때문이다. 여기에 난쟁이들이 만든 마법의 망치 묠니르까지 더해져서 그 파괴력은 상상을 불허한다.

순수한 힘과 전투력만 따지면 북유럽 신화의 세계에서 토르를 따를 자가 없다. 토르가 전쟁의 신이 된 것은 당연한 일이다.

다만 토르는 물리적인 힘이 강한 사람들이 그렇듯이 생각보다 행동이 앞서고 한편으로 깊이 생각하지 않기에 단순하고 순수한 측면도 있다.

이렇게 기질적으로 보면 토르는 오딘과 대척점에 있다. 여러 가지 면에서 서로 대립적이다. 서로 대립하게 되면 갈등이나 다툼이 생기기 쉽다. 둘을 중재하는 존재가 필요하다. 그것이 트릭스터 로키다.

오딘은 멀리 바라보며 깊은 생각을 통해 사건을 일으킨다. 달리 말해서 활의 역할을 한다. 로키는 그 활의 화살이 되어 과녁을 명중시키고, 그로 인해 벌어진 일의 마무리를 하는 것이 토르라는 말이다. 달리 말하면 오딘은 사건을 만들고 로키는 사건을 꾸미며 토르는 그 사건을 마무리한다.

북유럽 신화는 이렇게 오딘과 토르, 로키라는 서로 충돌하면서도 보완하는 역할을 지닌 삼각편대에 의해 이야기가 전개된다. 오딘이 일을 만들고 토르가 해결해야 했던 신화를 하나 읽어보자.


## 서리거인의 최강자, 흐룽그니르

오딘은 어느 날 황금으로 만든 투구를 쓰고 다리가 여덟 개인 세상 어디로든 갈 수 있는 말 슬레입니르에 올라탔다. 슬레입니르는 바람처럼 달리기 시작했다. 슬레입니르는 순식간에 신들의 세계인 아스가르드를 벗어났다.

오딘은 인간들의 세계인 미드가르드를 달렸다. 구불구불하게 흘러가는 강도 건넜고 깊은 계곡들과 산비탈을 올라갔다. 오딘은 미드가르드를 지나 서리거인들의 주거지인 요툰헤임으로 들어갔다.

오딘이 탄 슬레입니르가 발길을 멈춘 곳은 지하의 용암 때문에 연기가 피어오르는 흐룽그니르의 저택이었다. 흐룽그니르는 서리거인들 가운데에서도 가장 힘이 센 존재였다.

오딘은 흐룽그니르의 호승심을 자극했다. 그는 슬레입니르가 세계 어느 말보다도 빠르다는 것에 목을 걸 수 있다고 말했다. 흐룽그니르에게는 황금 갈기라고 부르는 뛰어난 말이 있었다. 흐룽그니르는 황금 갈기가 최고라며 발끈했다.

둘은 말다툼을 하다가 결론을 내기 위해 경주를 하기로 했다. 이렇게 해서 슬레입니르와 황금 갈기의 경주가 시작되었다. 약이 바짝 오른 흐룽그니르는 오딘의 꽁무니를 따라갔기 때문에 어디로 달리고 있는지도 몰랐다.

흐룽그니르는 한참을 달리고서야 주위의 풍경이 바뀐 것을 알아차렸고 자기가 달리고 있는 곳이 아스가르드라는 것을 깨달았다. 그제야 자기를 찾아온 방문객이 누구인지를 눈치를 챘다. 하지만 이미 때는 늦었다. 먼저 도착한 오딘은 발할라 궁전 앞에서 흐룽그니르를 기다리고 있었다.

발할라는 용감하게 싸운 바이킹 전사들이 죽은 뒤에 오딘의 부름을 받고 사는 궁전이다. 전쟁이 일어나면 오딘의 명령을 받은 요정 발키리에가 하늘을 날면서 용감하게 싸우다가 죽은 전사를 발할라 궁전으로 데리고 왔다. 이 전사들은 훗날 세계의 운명을 가르는 전쟁이 벌어질 때를 대비해서 만든 군대의 군인이었다. 이들은 발할라에서 매일 전쟁 연습을 하며 시간을 보냈다.

흐룽그니르는 오딘이 기다리고 있는 발할라 궁전 안으로 들어갔다. 용사들은 고함을 지르며 흐룽그니르를 위협했고 흐룽그니르는 기죽지 않기 위해 눈과 몸에 잔뜩 힘을 주었다.

오딘은 술이나 한 잔 하고 가라며 두 개의 술잔을 건넸다. 술잔은 매우 컸다. 흐룽그니르는 지지 않겠다는 듯이 오딘을 노려보며 단숨에 그 술을 들이켰다. 무리하지 말라는 오딘의 말에 호승심이 생긴 흐룽그니르는 다시 단번에 술잔을 비웠다.

흐룽그니르는 술에 취했다. 술은 그를 자극했다. 그는 신이든 전사든 모두 죽여주겠다며 덤비라고 술주정을 하기 시작했다. 오딘의 눈짓을 보고 아름다움의 여신 프레이야가 빈 술잔에 술을 가득 채웠고 한껏 술기운이 달아오른 흐룽그니르는 술잔을 비웠다.

오딘은 흐룽그니르가 술에 취해 쓰러지기를 바랐지만 술주정만 계속 해댈 뿐이었다. 오딘은 하는 수 없다는 듯이 토르를 불러오라고 명령했다.

토르가 나타나자 흐룽그니르는 움찔했다. 술이 확 깼다. 그는 살아남기 위해 재빨리 머리를 굴렸다. 흐룽그니르는 토르를 향해 자기가 술에 취해 있고 무기도 없으니 쉽게 죽일 수 있을 것이라며 상대의 약점을 찔렀다. 만약 그대로 흐룽그니르를 죽이면 토르는 비열한 신이라고 비난을 받을 게 뻔했다.

토르도 발끈했다. 토르는 며칠 후에 아스가르드와 요툰헤임 사이에서 결투를 하자고 신청했다. 흐룽그니르는 히죽거리며 재빨리 발할라 궁전을 빠져나와 요툰헤임으로 달아났다.

흐룽그니르와 토르의 결투 소식은 널리 세상에 퍼졌다. 서리거인들은 흐룽그니르가 발할라에서 토르와 맞선 것을 자랑스럽게 생각했다. 서리거인들은 흐룽그니르에게 명예로운 일을 했다고 칭찬했다.

한편으로 토르의 무서운 힘을 아는 서리거인들은 흐룽그니르가 걱정이 되었다. 만약 흐룽그니르가 토르에게 죽임을 당하면 서리거인들은 큰 손실이었다. 흐룽그니르가 가장 힘이 강한 서리거인이었기 때문이다. 서리거인들은 어떻게 하면 흐룽그니르가 이길 수 있을까 궁리했다.

결투를 벌이기로 한 날이 다가오자 서리거인들은 흐룽그니르의 승리를 위해서 누군가의 제안으로 흐룽그니르의 동료를 하나 만들기로 결정했다. 그래서 결투가 벌어지는 곳 근처에 있는 강의 진흙으로 거대한 거인을 만들었다. 진흙거인으로 토르의 기를 꺾을 생각이었다.

거인들은 며칠 동안 밤낮으로 일을 해서 산보다 더 큰 진흙거인을 만들었다. 진흙으로 만든 거인이 얼마나 컸는지 머리가 구름 위로 나올 정도였다. 그런데 문제가 하나 생겼다. 거인의 엄청난 크기에 어울리는 심장을 구할 수가 없었다. 크기만으로는 아무것도 할 수 없었다.

서리거인들은 고민 끝에 암말을 하나 죽여서 그 심장을 진흙으로 만든 거인에게 주었다. 말의 심장을 얻은 진흙으로 만든 거인은 비록 불완전한 것이었지만 생명을 얻었다. 서리거인들은 이 진흙거인을 미스트 칼프라고 불렀다. 서리거인들은 진흙거인에게 결투 장소에 가서 기다리라고 명령했다.

## 흐룽그니르와 토르의 결투

흐룽그니르는 결투의 날이 찾아오자 돌로 만든 방패를 들고 토르를 향해 던질 거대한 숫돌을 어깨에 짊어지고 결투 장소로 향했다. 토르 또한 결투의 날이 찾아오자 그의 시종 티알피가 끄는 염소마차를 타고 결투 장소로 달려갔다.

흐룽그니르는 돌로 만든 방패를 내려놓고 숫돌을 꽉 잡고 언제든지 던질 수 있는 준비를 했다. 티알피의 뒤를 따라온 토르는 흐룽그니르를 발견하고 곧바로 마법의 망치 묠니르를 던졌다.

흐룽그니르는 망치가 날아오자 쥐고 있던 숫돌을 던졌다. 엄청난 속도로 상대에게 날아가던 묠니르와 숫돌이 허공에서 부딪쳤다. 묠니르와 숫돌이 부딪치는 순간 세상이 흔들릴 정도로 큰 소리가 났고 산산조각이 난 숫돌 조각이 사방으로 날아갔다. 그런데 그 가운데 하나가 토르의 머리로 날아가 박혔다.

토르는 부상을 입고 마차에서 떨어졌다. 이마에서는 엄청난 양의 피가 흘러내렸다. 한편 묠니르는 숫돌을 부순 다음에도 목표를 향해 날아갔다. 그리고 흐룽그니르의 이마를 정통으로 때렸다. 흐룽그니르의 머리가 부서졌고 비틀거리던 그는 쓰러져 죽었다. 공교롭게도 흐룽그니르는 쓰러진 토르 위에 쓰러지며 다리로 토르의 목을 눌렀다.

소문난 잔치에 먹을 것이 없다고 세기의 결투는 싱겁게 끝이 났다. 한 번의 격돌로 토르는 머리에 심한 부상을 입었고 흐룽그니르는 머리가 부서져 죽었다.

한편 서리거인들이 만든 진흙거인은 흐룽그니르의 머리가 부서져 쓰러지는 것을 보고 잔뜩 겁을 집어먹었다. 겁에 질린 진흙거인은 오줌을 줄줄 쌀 정도로 두려워했다. 덩치에 비해 심장이 너무 작았던 것이다.

그것을 본 티알피가 도끼를 휘두르며 진흙거인에게 달려들었다. 티알피는 집중적으로 발을 공격했고 이미 전의를 상실한 진흙거인은 속수무책으로 당하다가 뒤로 쓰러졌다. 진흙거인이 쓰러질 때 지진이라도 난 듯 요툰헤임이 심하게 흔들렸다.

티알피는 신들에게 결투에서 토르가 승리했다는 것과 토르가 곤경에 처해 있다는 것을 알렸다. 신들은 기뻐하며 결투 장소로 달려왔다. 그리고 토르의 승리를 축하했다. 그리고 부상입은 토르의 몸을 누르고 있는 흐룽그니르의 다리를 치우려고 했다. 그러나 아무도 흐룽그니르의 다리를 치우지 못했다. 심지어 오딘도 실패했다. 모두가 곤혹스러운 눈길로 상처 입은 토르를 바라볼 뿐이었다.

토르를 위기에서 구한 것은 그의 아들인 마그니였다. 마그니는 토르와 서리거인 여인 사이에서 태어난 세 살짜리 아이였다. 마그니는 흐룽그니르의 발뒤꿈치를 가볍게 들어서 옆으로 치웠다. 그것을 보고 있던 신들은 탄성을 질렀다.

오딘이 일으킨 흐룽그니르의 소동은 토르의 머리에 숫돌 조각을 남기고 막을 내렸다.


## 로키의 유혹

이번에는 로키와 얽힌 토르의 이야기를 읽어보자. 흐룽그니르와 토르의 결투 이후 아스가르드는 한동안 평온했다. 로키는 평화로움 속에서 지루함을 느끼고 즐거운 일을 찾아 나서기로 마음먹었다.

로키는 프레이야에게 매 가죽을 빌려서 매가 되어 요툰헤임으로 날아갔다. 로키는 요툰헤임 위를 날다가 한 번도 가본 적이 없는 평원에 이르렀다. 그 평원은 암벽들 사이에 있었다. 로키는 그 평원에 저택 한 채가 있는 것을 보고 그곳으로 날아갔다.

매로 변신한 로키는 창문을 통해 집안을 살펴보았다. 서리거인이 두 딸과 함께 식사를 하고 있는 중이었다. 로키가 집안의 동정을 살피고 있을 때 서리거인 게이로드는 이상한 낌새를 느끼고 창문을 바라보았다. 그리고 멋지게 생긴 매 한 마리를 발견했다. 게이로드는 하인을 불러서 매를 잡아오라고 명령했다.

하인이 명령을 받고 바깥으로 나오자 로키는 하인을 골려주려고 마음먹었다. 그래서 하인과 멀리 떨어지지 않은 곳인 담 위로 올라갔다. 하인은 몸을 기울여 매를 잡으려고 손을 뻗었다. 그때 로키가 지붕 위로 살짝 뛰어 올라갔다. 지붕 위라면 안전하다고 생각했다. 경사가 심해서 하인이 올라오지 않을 것이라고 생각했던 것이다. 그런데 하인이 매를 잡기 위해 위험을 무릅쓰고 지붕 위까지 올라왔다.

로키는 하인의 손을 피해서 멀리 날아가야겠다고 생각하고 날개를 활짝 펼쳤다. 그리고 허공으로 날아오르려고 했다. 그런데 지붕에서 발이 떨어지지 않았다. 로키는 몇 번이고 날려고 했지만 두 발이 지붕에 달라붙어 움직이지 않았다.

그제야 그 저택의 주인이 만만한 거인이 아님을 알아차렸지만 이미 때는 늦었다. 게이로드의 하인은 날개만 파닥거리는 매를 두 손으로 꽉 잡아서 집안으로 데리고 가 게이로드에게 건 넸다. 로키는 여러 번 탈출을 시도했지만 하인의 손길에서 벗어날 수가 없었다.

게이로드는 매의 눈을 찬찬히 보고 그것이 매가 아님을 알아차렸다. 그는 매를 억센 힘으로 잡고 누구냐고 물었다. 로키는 몸이 으스러지는 듯했지만 대답하지 않았다. 끝내 정체를 밝히지 않자 게이로드는 커다란 상자를 열고 매로 변신한 로키를 넣은 다음 뚜껑을 닫고 자물쇠를 채웠다.

로키는 상자 안에서 무려 석 달이나 갇혀 있었다. 아무것도 먹지 못하고 좁은 공간 안에서 지내야 했다. 로키는 자기가 싼 오줌 냄새를 맡으며 절망에 떨어야 했다. 석 달이 지나자 완전히 탈진한 상태가 되었다. 가끔 소리를 질러 보았지만 아무도 그를 구해주지 않았다.

석 달 후 상자가 열리고 게이로드가 매를 꺼내서 정체를 물었다. 로키는 다시 갇히고 싶지 않았기에 정체를 밝히고 말았다. 게이로드는 음흉하게 웃으며 거래를 제안했다. 그 제안은 망치를 들지 않은 토르를 데리고 오는 것이었다.

로키는 토르를 위험에 빠뜨리고 싶지 않았기에 거절하려고 했지만 게이로드의 억센 손이 로키의 몸을 강하게 죄어왔다. 로키는 죽을 듯한 고통을 이기지 못하고 게이로드의 제안을 받아들였다.

얼마 후 로키는 토르에게 여행을 가자고 이야기를 꺼냈다. 가벼운 여행이니 망치와 허리띠를 두고 가자는 말도 덧붙였다. 토르는 로키와 여행한 적이 많았기 때문에 별다른 의심을 하지 않고 로키를 따라나섰다. 토르 또한 심심해 하던 참이었다.

로키는 토르에게 게이로드라는 서리거인을 소개하고 그의 두 딸이 매우 예쁘다며 토르를 유혹했다. 토르는 서리거인을 만나러 간다는 사실에 망치를 두고 온 것이 왠지 불안했지만 로키를 믿었다.

이들은 땅거미가 질 무렵 그날의 목적지인 여자 서리거인인 그리드의 집에 도착했다. 서리거인들 가운데에서 신들에게 호의적인 거인도 있었다. 그리드가 그랬다. 그리드는 토르와 로키를 환영했다. 토르와 로키를 위해 훌륭한 저녁을 준비했다. 토르와 로키는 맛있는 음식과 술, 그리고 즐거운 대화로 하루의 피로를 풀었다.

저녁식사가 끝나고 얼마 후에 로키는 그를 위해 준비된 잠자리에 들었다. 로키는 코를 골며 잠에 골아 떨어졌다. 토르는 여전히 술을 마시고 있었다.

로키가 완전히 잠에 빠진 것을 확인한 그리드가 토르에게 낮은 목소리로 여행이 함정이라고 알려주었다. 그리고 자기의 허리띠와 장갑, 부러지지 않는 곤봉을 빌려주었다.


## 토르와 게이로드

다음날 아침 로키는 토르가 무장을 하고 있는 것을 보았다. 로키는 어젯밤 그리드가 토르에게 어디까지 말을 했는지 궁금했다. 만약 자기가 유인당한 것을 알게 되면 토르가 가만있지 않을 터였다.

한편 토르는 로키가 게이로드에 대해 얼마나 알고 있는지 궁금했다. 그런데 미처 서로의 궁금증을 풀기도 전에 두 신은 위험에 빠졌다.

토르와 로키는 물이 빠르게 흘러가는 급류에 이르렀다. 그 급류는 물살이 빠를 뿐만 아니라 삐죽삐죽한 바위가 많아서 건너기 힘들어 보였다.

토르는 그리드로부터 빌린 힘의 허리띠로 허리를 조인 다음 로키에게 매달리라고 말했다. 토르는 역시 그리드에게서 빌린 곤봉을 쥐고 물살에 휩쓸리지 않도록 주의하면서 강을 건너기 시작했다.

바닥의 돌멩이들은 매우 미끄러웠다. 물은 토르의 허리 정도까지 차올랐다. 토르의 허리에 매달린 로키는 몸이 물속에 잠겼다. 강의 중간쯤에 이르자 물의 수위가 토르의 어깨 정도까지 차올랐다. 로키는 겁에 질렸는지 토르의 목에 매달렸다. 물은 점점 깊어졌다.

그때 강 상류 쪽에서 무엇인가를 발견했다. 그리고 물이 늘어나는 이유를 알아냈다. 상류 쪽에서 게이로드의 딸인 갈프가 두 다리를 벌리고 앉아서 엄청난 양의 오줌을 누고 있었던 것이다. 토르는 물속으로 몸을 굽혀서 커다란 바윗덩어리를 하나 주웠다. 그리고 그것을 갈프를 향해 던졌다. 바위는 갈프의 다리 사이에 박혔고 그녀는 울부짖으며 아버지에게 갔다.

얼마 후 토르와 로키는 게이로드의 저택을 찾아갔다. 그러나 막상 게이로드는 집을 비우고 없었다. 하인들은 주인의 언질이 있었다며 토르와 로키를 매우 정중하게 집안으로 들였다. 그리고 하룻밤 묵어갈 방으로 안내했다. 토르와 로키는 강을 건너면서 온몸이 진흙으로 더러워졌기 때문에 씻기를 바라며 안내한 곳으로 갔다.

그런데 하인들이 안내한 곳은 목욕시설이 있는 좋은 방이 아니라 염소우리였다. 집 바깥에 따로 지어놓은 어둡고 지독한 냄새가 나는 염소우리였다. 그곳에는 짚이 잔뜩 쌓여 있었고 의자도 하나밖에 없었다.

토르는 심한 모욕감을 느꼈지만 꾹 참았다. 토르는 게이로드의 대갈통을 부수는 것으로 그 모욕감을 갚아주겠다고 굳게 다짐했다. 로키는 강에 가서 몸을 씻고 오겠다며 염소우리를 빠져나갔다. 홀로 남은 토르는 곤봉을 쥐고 의자에 앉았다.

그러자 심한 피로감이 토르를 덮쳐왔다. 토르는 의자에 앉은 채 꾸벅꾸벅 졸기 시작했다. 급류를 건너오면서 힘을 많이 쓴 탓에 몹시 피곤했던 것이다. 밖으로 나간 로키는 돌아오지 않았다.

토르는 꿈을 꾸었다. 꿈속에서 토르는 다시 강을 건너고 있었다. 몸의 균형을 잡으려고 애썼지만 빠른 물살을 이기지 못하고 급류에 휩쓸렸고 점점 불어나는 물속에서 허우적거렸다. 토르는 그 순간 잠에서 깼다. 그리고 왜 자기가 그런 꿈을 꾸었는지 깨달았다. 자기의 몸이 허공에 붕 떠 있었던 것이다.

토르는 의자에 앉은 채 허공으로 떠오르고 있었다. 잠에서 조금만 늦게 깨었어도 그대로 천장에 부딪칠 뻔했다. 토르는 곤봉을 천장으로 향했다. 그 때문에 토르를 허공으로 불러올리던 힘은 토르의 강한 힘과 만나 충돌했다.

한동안 그 힘이 팽팽하게 맞섰지만 토르의 힘을 당해내지 못했다. 토르는 그 순간 허공에서 바닥으로 쿵 소리를 내며 의자와 함께 떨어졌다. 그 소리 때문에 염소우리가 크게 흔들렸다. 토르는 작은 충격을 받았지만 큰 문제는 없었다.

문제가 생긴 것은 게이로드의 두 딸이었다. 게이로드의 두 딸인 갈프와 그레이프는 토르의 의자 밑에 숨어 있었다. 토르가 잠이 들면 토르가 앉아 있는 의자를 천장 높이로 들어 올려 토르의 머리가 천장과 부딪치게 해서 죽일 작정이었다.

그런데 토르가 잠에서 깨어나 천장에 부딪치지 않기 위해 곤봉으로 버티는 바람에 의자가 떨어졌고 그 때문에 게이로드의 두 딸은 의자에 깔려 갈비뼈와 등뼈가 부러져서 심한 고통을 느끼며 죽었다. 토르는 바닥에 쓰러져 있는 게이로드의 딸들을 보며 그녀들이 예쁘다고 말하던 로키의 말을 떠올렸다.

게이로드는 두 딸이 토르를 살해하는데 실패하자 직접 나섰다. 토르는 게이로드의 인기척을 듣고 쇠장갑을 끼고 힘의 허리띠를 조인 다음 곤봉을 들고 홀로 게이로드의 저택으로 갔다.

여전히 로키는 모습을 보이지 않았다. 토르가 홀에 들어서자 뒤에서 하인들이 재빨리 문을 닫았다. 게이로드는 토르를 환영하듯 손을 들었다. 그리고 빨갛게 달궈진 쇠공을 집어 들고 토르를 향해 강하게 던졌다.

토르는 쇠장갑을 낀 손으로 쇠공을 받았다. 토르의 얼굴은 벌겋게 달아올랐다. 분노하고 있다는 증거였다. 그러자 홀 안에 있던 하인들은 재빨리 자기를 가릴 수 있는 탁자 밑으로 몸을 숨겼다. 게이로드 또한 쇠로 만들어진 기둥 뒤에 숨었다.

토르는 쇠공처럼 빨갛게 달아오른 눈동자로 게이로드가 숨은 곳을 바라보았다. 그리고 잡고 있던 쇠공을 들어 올려 게이로드가 숨어 있는 기둥을 향해 던졌다. 쇠공은 토르의 억센 힘을 받아서 기둥을 뚫고 들어가 그 뒤에 숨어 있던 게이로드의 몸을 관통했다.

게이로드는 한동안 숨을 헐떡이고 몸을 비틀며 고통스러워하다가 숨을 거뒀다. 토르는 곤봉을 휘두르며 홀 안에 숨어 있던 하인들을 모조리 도륙했다. 주위를 둘러보았지만 로키는 어디에도 없었다.

토르는 이번에도 로키에게 당했다고 생각하며 씁쓸한 표정을 지었다. 한편으로 한바탕 싸움을 하고 난 탓인지 마음은 후련했다. 그래서인지 로키에게 화가 나지 않았다. 로키가 없었다면 즐겁고 통쾌한 모험을 할 수 없을지도 모른다고 생각하며 토르는 아스가드르로 향했다.

로키는 모험을 도모하고 사건을 만들고 토르는 그것을 해결하는 신이었다. 이런 점에서 로키와 토르는 최고의 콤비였다.

# 6

요일을 결정한 신들

## 요일의 유래

북유럽 신화는 멀고도 먼 북유럽에서 그것도 먼 고대에 만들어진 신화지만 오늘의 우리에게도 여러 가지로 영향을 미치고 있다.

토르와 로키는 최근에 할리우드를 통해 우리에게 널리 알려졌다. 하지만 그보다 훨씬 오래 전부터 우리의 생활 속에 들어온 북유럽 신화의 흔적이 하나 있다. 바로 요일이다.

동양에서 쓰는 요일은 음양오행에 따라 정해졌다. 일요일과 월요일인 해와 달에 더해서 오행, 즉 화·수·목·금·토까지 일주일이다.

물론 일주일은 서양에서 들어온 시간 개념이다. 그 이전에는 열흘을 의미하는 순旬을 써서 상순·중순·하순을 쓰거나 5일마다 한 번씩 장이 서는 오일장의 리듬에 따라 5일 단위로 생활의 리듬을 정했다.

그러다가 서양에서 7일로 이루어진 일주일 개념이 들어오면서 오늘날처럼 한 주는 7일이 되었다.

서양의 구분으로 볼 때도 일요일Sunday과 월요일Monday은 해와 달에서 유래했다. 사실 동양에서 이를 도입하면서 해와 달로 번역해서 일요일과 월요일을 만들었다고 하는 게 더 적절하겠다. Sunday는 그야말로 해의 날day of the sun이라는 뜻이고, Monday는 달의 날day of the moon이라는 고대 영어에서 유래했다.

그렇다면 동양의 경우 오행에서 유래한 화·수·목·금·토요일은 서양의 경우 어디서 유래했을까? 바로 북유럽 신화이다. 보다 정확하게 말하면 화·수·목·금요일이 북유럽 신화에 등장하는 신들의 이름에서 유래했다. 정리하면 아래와 같다.

화요일Tuesday: 법의 신 티르Tyr의 날

수요일Wednesday: 최고신 오딘Odin, 달리 보탄Wotan의 날

목요일Thursday: 전쟁의 신 토르Thor의 날

금요일Friday: 아름다움의 여신 프레이야Freyja의 날

토요일Saturday: (로마 신화) 농업의 신 사투르누스Saturnus의 날

이렇게 보면 우리는 북유럽 신화의 세계에서 시간을 보내고 있는 셈이 된다. 위의 신들 가운데 로마의 신인 사투르누스는 빼고 오딘과 토르는 이미 살펴보았으니 티르와 프레이야의 이야기를 들어보자.

먼저 살펴볼 것은 프레이야다.

## 아름다움과 사랑의 여신, 프레이야

금요일의 주인인 프레이야는 북유럽 신화에 등장하는 가장 아름다운 여신이다. 그렇기에 아름다움의 여신은 사랑의 여신이기도 했다.

프레이야는 원래 바니르 신족에 속한 신이었다. 신들이 전쟁을 중단하고 화해의 상징으로 서로의 신들을 몇몇 바꾸었는데 그때 남매인 프레이르와 함께 아스가르드로 이주했다. 바니르 신족의 마법을 오딘에게 알려준 것도 프레이야였다.

프레이야는 그 아름다움 때문에 신들을 포함해 서리거인, 심지어 난쟁이들까지도 그녀의 사랑을 갈구했다.

앞서 로키 이야기를 할 때 서리거인이 성벽을 쌓아주는 대신에 프레이야를 원했던 것을 살펴보았다. 이번에는 난쟁이와 얽힌 이야기를 읽어보자.

사랑은 최고의 마법이지만 사랑을 위한 마법이 따로 있지 않다. 또한 사랑은 물질을 대가로 치르고 얻는 것이 아니다. 프레이야는 아름다움과 사랑의 여신이었지만 그리스 신화의 아프로디테가 그런 것처럼 내면적인 아름다움과는 조화를 이루지 못했다. 이번에 볼 이야기가 그런 내용이다.

어느 날 프레이야는 밤새 잠을 이루지 못하고 뒤척였다. 밤을 지새운 프레이야는 희미한 새벽빛이 아스가르드를 비추기 시작할 무렵 무엇인가를 결정했다는 표정을 짓고 자리에서 일어났다.

그녀는 자기의 궁전인 세스룸니르의 문을 열고 바깥으로 나갔다. 바깥에는 눈발이 날리고 있었다. 프레이야는 조심스럽게 주위를 살펴보았다. 세상은 깊은 잠에 빠져 있었다. 눈송이가 날리는 것 외에는 움직이는 것이 없었다.

신들과 인간들은 저녁에 잠에 들었고 밤에 다니는 야행성 동물들도 따스한 보금자리를 찾아 떠난 뒤였다. 또한 부지런한 새들은 아직 잠에서 깨어나지 않았다. 뚜렷한 목적이 없는 자라면 깊은 잠에 빠져 있을 시간에 프레이야는 바깥으로 나왔다.

프레이야는 얼굴을 가리려는 듯이 외투의 옷깃을 올리고 종종걸음으로 걸음을 재촉했다. 프레이야는 늘 데리고 다니던 고양이도 궁전에 버려두고, 늘 몰고 다니는 마차를 타지 않고 걸어서 아스가르드를 빠져나갔다. 그런데 그 모습을 본 신이 하나 있었다.

로키였다. 로키는 프레이야의 수상한 행보에 호기심이 생겼다. 그래서 얼른 채비를 하고 프레이야의 뒤를 밟기 시작했다. 프레이야는 신들의 세계인 아스가르드와 인간세계인 미드가르드를 이어주는 불타는 무지개다리 비프로스트로 향했다.

세상에 눈이 내리고 있었기 때문에 프레이야는 빨리 걸을 수가 없었다. 또한 바람이 불어서 프레이야의 육감적인 몸매가 언뜻언뜻 드러났다. 로키는 눈을 번뜩이며 일정한 거리를 두고 프레이야의 뒤를 따라갔다.

프레이야가 미드가르드에 도착했을 때에는 새벽빛이 밀려난 뒤였다. 눈은 그치고 아침의 태양이 새로운 하루를 예고하고 있었다. 프레이야의 걸음은 미드가르드에서 멈추지 않았다.

프레이야는 황량한 황무지를 계속 걸어갔고 로키는 프레이야에게서 눈을 떼지 않았다. 프레이야는 강을 건너고 얼음이 얼어 있는 땅도 지나갔다. 프레이야가 걸음을 멈춘 곳은 까마득한 낭떠러지 아래에 있는 거대한 돌무더기 앞이었다.

그곳은 난쟁이들이 살고 있는 세계로 들어가는 길목이었다. 걸음을 멈춘 프레이야를 보면서 로키는 뭔가 흥미로운 일이 생길 것 같다는 기대감이 생겼다. 로키는 숨을 죽이고 눈을 반짝이며 프레이야의 뒷모습을 주시했다.

프레이야는 구불구불한 오솔길을 따라 어두운 지하세계로 향했다. 그 길은 어둡고 추웠다. 프레이야는 추위 때문에 몸을 웅크린 채로 바위와 바위 사이로 난 길을 걸어갔다. 그리고 마침내 아가리를 벌린 상어처럼 생긴 동굴의 입구에 도착했다.

그 동굴에는 알프리그, 드발린, 베를링, 그레르라는 이름을 가진 네 명의 난쟁이들이 살고 있었다.

## 탐욕이 만들어낸 치욕과 증오

프레이야는 그 동굴에서 세상에서 가장 아름다운 목걸이를 발견했다. 난쟁이들은 세상에서 가장 아름다운 여신을 보았다. 그들의 시선은 탐욕스러웠다. 프레이야는 난쟁이들에게 목걸이를 팔라고 요구했다.

난쟁이들은 팔기 위해 만든 목걸이가 아니기에 팔 수 없다고 대답했다. 프레이야는 원하는 것을 뭐든지 주겠다며 협상했다.

난쟁이들은 구석으로 가서 한참 쑥떡거린 다음 자기들이 원하는 것은 오직 프레이야뿐이라고 대답했다. 자기들과 하룻밤씩 나흘을 지내면 목걸이를 주겠다고 말했다.

프레이야는 난쟁이들을 찬찬히 보았다. 얼굴은 지하에 사는 생명체가 그렇듯 창백하고 흉측했으며 몸은 기형적으로 생겼고 무엇보다 탐욕으로 번들거리는 눈동자가 마음에 들지 않았다. 이들과 잠자리를 같이 하는 것은 너무나도 치욕적인 일이었다.

그러나 목걸이는 그 무엇보다 아름다웠다. 치욕보다 유혹이 더 강렬했다. 결혼을 하는 것도 아니고 나흘만 버티면 목걸이를 가질 수 있었다.

결국 유혹에 넘어간 프레이야는 나흘 동안 지하세계에서 지냈다. 로키 또한 나흘 동안 동굴 속에서 지내면서 이를 하나도 빠짐없이 지켜보았다.

프레이야의 뒤를 따라 아스가르드로 돌아온 로키는 싱글싱글 웃으며 곧바로 오딘의 궁전으로 갔다. 로키는 동굴 속에서 일어난 일을 자세하게 고자질을 했다.

오딘은 탐욕에 굴복한 프레이야에 화를 내며 로키에게 그 목걸이를 훔쳐오라고 명령했다. 그날 밤 어둠이 짙게 내렸을 때 로키는 프레이야의 궁전인 세스룸니르 앞에 서 있었다. 혹시나 하고 문을 당겨 보았지만 역시 문은 단단히 잠겨 있었다.

로키는 파리로 변신을 했다. 열쇠 구멍으로 들어가 보려고 했지만 너무 좁았다. 파리로 변신한 로키는 궁전 이곳저곳을 날아다니며 들어갈 틈을 찾았다. 프레이야의 궁전은 매우 단단하게 지어져 파리 하나가 들어갈 틈도 없었다.

파리로 변신한 로키는 차가운 바람을 헤치고 계속 날아다녔다. 그리고 마침내 지붕 아래에서 파리 한 마리가 들어갈 수 있는 작은 틈새를 발견했다. 로키는 작은 틈새로 들어가 프레이야의 궁전 속으로 잠입했다. 로키는 모두가 잠든 것을 확인한 다음 프레이야의 침대가 있는 곳으로 조심스럽게 다가갔다. 프레이야는 목걸이를 차고 잠을 자고 있었다.

목걸이의 위치를 확인한 것은 좋았지만 그 목걸이를 벗겨낼 일이 문제였다. 목걸이를 벗기기 위해서는 걸쇠를 풀어야 하는데 걸쇠는 목 뒤에 있었다. 그렇다고 프레이야의 몸을 돌릴 수도 없었다.

로키는 궁리 끝에 벼룩으로 변신했다. 그리고 자고 있는 프레이야의 몸 위로 뛰어올라갔다. 벼룩으로 변한 로키는 부드럽고 풍성한 젖가슴을 지나서 얼굴 쪽으로 향했다. 뺨에 이른 로키는 사정을 주지 않고 힘껏 깨물었다. 그 바람에 프레이야는 몸을 돌렸지만 잠에서는 깨지 않았다.

잠시 숨어 있던 로키는 프레이야가 고른 숨을 쉬며 자는 것을 확인하고 원래의 모습으로 돌아왔다. 그리고 돌아누운 프레이야의 목덜미에서 엷은 빛을 내고 있는 황금 목걸이를 조심스럽게 벗겨냈다.

로키는 프레이야가 알아차리지 못할 정도로 교묘한 손놀림으로 목걸이를 손에 넣었다. 로키는 들어올 때와 달리 걸쇠를 풀고 정문을 통해서 밖으로 나왔다. 그리고 짙은 어둠 속으로 사라졌다.

아침에 일어난 프레이야는 목걸이가 없어진 것을 알았다. 누군가 침입한 흔적이 있었다. 그런 일을 할 자는 로키밖에 없었다. 그렇다고 로키가 제멋대로 그런 하지 않았을 것이고 그 배후에 오딘이 있음을 짐작했다.

프레이야는 오딘을 찾아가서 목걸이를 돌려달라고 했다. 목걸이를 훔쳐가는 일은 파렴치한 일이라고 했다가 난쟁이에게 몸을 팔아서 목걸이를 얻는 것이 더 파렴치하다는 분노 섞인 타박만 들었다.

프레이야는 눈물을 흘리며 목걸이를 돌려달라고 했다. 오딘은 인간세계의 두 왕을 찾아가서 증오를 품게 만들고 그들이 싸우게 만들면 목걸이를 돌려주겠다고 했다.

"사람들이 죽거든 마법을 이용해 그들을 살려내. 죽은 시체에 생명을 불어넣어서 그들이 다시 칼을 쥐고 싸우도록 만들어. 그들이 원하든 원하지 않든 서로 싸우게 만들고 서로 죽이게 만들어."

프레이야는 크게 한숨을 내쉬며 고개를 끄덕였다. 목걸이에 대한 탐욕으로 시작된 프레이야의 사랑은 이렇게 서로 죽이는 전쟁과 살육으로 귀결되었다.

## 고대의 최고신, 티르

법의 신인 티르는 북유럽 신화의 주신인 오딘이나 토르보다 앞선 화요일의 신이라는 점과 게르만족 최고신의 이름(튀르)과 매우 흡사하다는 점에서 고대에 최고신이었다가 민족 대이동의 시대를 거치면서 오딘과 토르에게 밀려난 것으로 추정된다.

밀려났다는 것은 사람들의 인기를 얻지 못했다는 의미이다. 신의 권위는 그를 믿는 사람들에서 오기 때문이다. 따라서 그를 신앙하거나 기억하는 사람들이 사라지면 그 신 또한 세상에서 사라지고 만다.

그런 탓인지 티르의 이야기는 별로 전해지지 않는다. 앞에서 살펴본 로키의 늑대 아들 펜리르와의 이야기가 가장 유명하다.

티르는 북유럽 신화에서 흔히 오딘의 아들로 묘사된다. 그러나 옛 전승인 《고古 에다》에는 서리거인인 히미르의 아들로 묘사되어 있다. 티르와 히미르에 더해 전쟁의 신 토르까지 얽힌 신화를 하나 읽어보자.

언젠가 신들의 궁전이 있는 아스가르드에 큰 문제가 발생했다. 술이 떨어진 것이다. 술이 없으면 연회를 열 수도 없고 음식도 맛있지 않았다. 큰일이었다.

신들은 술을 구하기 위해 점을 쳤다. 작은 짐승을 잡아 피를 받은 다음 작은 가지를 피에 담그자 룬 문자가 나타났다. 그 점의 결과로 바다의 신 아에기르가 자기들을 도와줄 수 있다는 것을 알았다.

티르와 토르를 비롯한 몇몇 신들이 대표가 되어 아에기르를 만나러 갔다. 아에기르는 세상에 관심 없이 평화롭고 즐겁게 지내고 있었다.

그런데 느닷없이 신들이 나타나 술을 내놓으라고 요구하자 화가 났다. 특히 토르는 막무가내로 술을 만들어내라고 거칠게

욱박질렀다.

하지만 토르는 무서운 신이었다. 아에기르는 맞받아쳐 싸울 수 없었기에 골탕이라도 먹여야겠다고 생각했다.

아에기르는 토르를 비롯한 신들에게 술을 담을 큰 항아리가 없으니 그것을 구해오면 술을 주겠다고 대답했다. 신들은 큰 항아리를 갖고 있지 않았다.

그때 티르가 자신의 아버지인 히미르가 깊이가 20리쯤 되는 큰 항아리를 갖고 있다고 말했다. 신들은 기뻐하며 티르와 토르에게 항아리를 가져오라고 부탁했다.

티르는 히미르의 거친 성격을 알려주며 토르에게 정체를 숨기라고 부탁했다. 둘은 전속력으로 동쪽 끝을 향해 달려갔다. 동쪽 끝 바다 근처에 티르의 아버지 히미르의 저택이 있었다. 티르와 토르가 처음 만난 것은 티르의 할머니였다.

티르는 할머니를 별로 좋아하지 않았는데 할머니가 머리가 아홉 개 달린 괴물이었기 때문이다. 토르도 티르의 할머니를 보고 깜짝 놀랐다.

그러나 티르의 어머니는 할머니와 달리 매우 아름다운 여인이었고 피부 또한 깨끗했다. 어머니는 티르와 토르를 환영하며 술을 주었다. 그런 다음 항아리 뒤에 숨으라고 말했다.

얼마 후 못생긴 히미르가 사냥에서 돌아왔고 티르의 어머니는 히미르에게 티르와 그의 친구가 왔다는 소식을 전했다. 히미르는 티르와 토르가 있는 곳으로 다가와 벽을 손바닥으로 내리쳤고 그 바람에 대들보에 있던 항아리가 모두 깨지고 말았다. 그것이 히미르가 손님을 대하는 태도였다.

히미르는 당시의 관습대로 손님을 접대했다. 하인들에게 소세 마리를 잡아서 삶아오라고 일렀다. 하인들은 소의 가죽을 벗기고 큰 솥에 넣고 삶았다. 얼마 후 식탁에는 하인들이 가져온 고기가 가득 올라왔다.

토르는 세 마리 가운데 두 마리를 입 속으로 집어넣었다. 토르의 식성을 본 히미르는 눈이 휘둥그레졌다. 히미르는 더 식사를 하고 싶으면 먹을 것을 직접 장만하라고 말했다. 그 말을 들은 토르는 밖으로 나갔다.

토르는 히미르의 목초지로 가서 덩치가 엄청나게 큰 검은 황소를 발견하고 머리를 부러뜨렸다. 황소의 머리를 미끼로 해서 낚시를 할 셈이었다.

히미르는 토르와 함께 바다로 갔다. 깊은 바다로 나간 그들은 낚싯줄을 드리웠다. 얼마 후 히미르의 낚싯줄이 팽팽해졌다. 히미르는 힘을 다해 낚싯줄을 당겼고 그 끝에 고래 두 마리가 거대한 파도를 일으키며 끌려왔다.

히미르는 뻐기듯이 토르를 보았다. 토르는 가볍게 고개를 끄덕이고 자기의 낚싯줄을 바다에 던졌다. 그의 미끼를 문 것은 바다 깊은 곳에 살고 있는 로키의 자식인 요르뭉간드였다.

요르뭉간드는 엄청나게 큰 뱀이었다. 바다를 한 바퀴 돌고 자기 꼬리를 물 정도로 컸다. 요르뭉간드는 조심성 없이 토르가 드리운 황소머리를 덜컥 물었다. 줄이 팽팽해지자 토르는 그 줄을 잡아당기기 시작했다.

요르뭉간드는 끌려오지 않으려고 했지만 워낙 토르의 힘이 강했다. 토르는 사정을 주지 않고 계속 잡아당겼다. 요르뭉간드는 하릴 없이 수면 위로 끌려왔다. 토르는 요르뭉간드를 때려잡기 위해 허리춤에서 마법의 망치인 뮬니르를 꺼냈다.

낚싯줄에 걸린 괴물 뱀인 요르뭉간드는 살아남기 위해 굉음을 지르면서 발버둥을 쳤다. 실로 무시무시한 소리였다. 그 소리는 요툰헤임과 인간들의 세계인 미드가르드까지 울려 퍼질 정도로 컸다.

그 엄청난 소리에 미드가르드는 공포에 휩싸였다. 요르뭉간드는 공포를 느꼈다. 그래서 죽을힘을 다해서 버둥거렸다. 그 바람에 입에 박혀 있던 낚싯바늘이 입의 살점과 함께 떨어져 나갔다.

요르뭉간드는 공포에서 벗어나 깊은 바다로 돌아갔다. 훗날 신들의 종말(라그나뢰크)이 찾아오면 토르와 요르뭉간드는 재대

결을 벌이게 된다.

토르는 마법의 망치 묠니르로 몇 차례 요르뭉간드를 때렸고 요르뭉간드는 토르를 향해 치명적인 독을 내뿜는다. 이 두 번째 대결에서 묠니르를 맞은 요르뭉간드가 쓰러지지만 토르 또한 독에 중독되어 쓰러지고 만다.

토르의 가공할 힘에 공포를 느낀 것은 요르뭉간드뿐만이 아니었다. 그것을 보고 있던 히미르 또한 토르의 놀라운 힘에 공포를 느꼈다.

히미르는 자기의 패배를 인정하고 항아리를 가져가도 좋다고 말했다. 티르가 항아리를 들려고 했지만 살짝 흔들렸을 뿐 들리지 않았다. 그러자 토르가 성큼성큼 걸어가 가볍게 거대한 항아리를 집어 들었다.

또한 그 항아리를 본 아에기르도 아무 말도 하지 않고 토르가 원하는 대로 술을 빚어 주었다. 신들은 술 향기가 가득한 생활로 돌아갔다.

티르의 이야기라기보다 토르의 이야기가 되고 말았다. 이 또한 한때 최고신이었던 티르의 전락을 보여주는 증명이기도 하다.

# 7

영원한 젊음을 약속하는 여신, 이둔

## 신들의 여름 여행

그리스 신화에서 신과 인간이 서로 다른 것이 있다면 그것은 오직 죽음이다. 인간은 죽지만 신은 죽지 않는다. 신과 인간을 다른 존재로 만든 것은 바로 죽음이다. 인류가 만든 문화는 대부분 이 죽음에서 기원했다.

그런데 북유럽 신화의 신들은 이런 기존의 상식을 뒤엎고 늙기도 하고 죽기도 한다. 신들이 늙어가는 내용을 닮은 신화가 젊음의 사과를 나눠주는 이둔의 실종·납치 사건이다. 이야기는 어느 화창한 여름에 펼쳐지는데 역시 주인공은 로키다.

최고신 오딘과 트릭스터 로키, 성격이 좋은 회니르가 뜨거운 햇살이 내려쬐는 인간들의 세상인 미드가르드로 여행을 떠났다.

미드가르드는 넓었고 아직 인간들이 많지 않았기 때문에 알려지지 않은 곳이 많았다. 그래서 신들은 그런 벽지를 찾아서 조사도 하고 무료함도 달랠 겸 해서 미드가르드를 찾아간 것이었다.

새벽빛이 세상을 어슴푸레하게 비출 때 부지런한 신들은 이미 미드가르드를 걷고 있었다. 미드가르드에 살고 있는 대부분의 사람들은 아직 깊은 잠에서 깨어나지 않았을 때였다. 신들은 거센 바람이 부는 자갈길을 가로질러 갔다.

신들은 크고 작은 바위가 앞길을 가로막는 황량한 길을 지났다. 신들은 이런저런 가벼운 이야기를 나누면서 산 위에서 눈이 녹은 물이 흘러들어 녹색으로 가득한 초원에 이르렀다. 초원 사이로 강이 흘렀다.

그렇게 걷는 사이 태양의 마차가 하늘을 가로질러 서쪽으로 향하고 있었다. 하루 종일 아무것도 먹지 못한 신들은 허기를 느꼈다. 신들은 때마침 나타난 황소 떼를 보고 소를 잡아먹기로 했다.

신들은 역할을 나누어 로키가 소를 잡아오고 오딘과 회니르가 나무를 준비하기로 했다. 오딘과 회니르가 주위에 있는 마른 장작을 모아서 불을 지피고 있는 사이에 로키는 소떼를 덮쳐서 소 한 마리를 잡았다.

신들은 로키가 잡아온 소를 크게 잘라서 고기를 굽기 위해 피워놓은 불 위에 얹었다. 소를 굽기 시작하자 고기가 타는 냄새가 나면서 신들의 후각을 강하게 자극했고 하루 종일 굶은 신들은 배가 고파 거의 미칠 지경이었다.

신들은 빨리 고기가 익기를 바라면서 계속 장작을 땠다. 그런데 아무리 불을 때도 고기가 익지 않았다. 하늘에서는 해가 기울기 시작했고 골짜기에서 차가운 바람이 신들을 향해 불어왔다. 그래도 고기는 익지 않았다.

그때 나무 위에서 비웃는 듯한 웃음소리가 들렸다. 고개를 들어보니 그곳에는 독수리가 앉아 있었다. 독수리는 음흉하게 웃으면서 자기에게 고기를 나눠주면 고기를 익게 해주겠다고 제안했다. 독수리가 고기가 익지 못하게 만들었던 것이다.

신들은 죽도록 배가 고팠기 때문에 어쩔 도리가 없다고 생각하고 그 제안을 받아들였다. 독수리는 자기 몫의 고기를 가지겠다는 듯이 아래로 내려왔고 신들은 자리를 비켜주었다. 그런데 독수리는 불 위에 있는 고기를 모두 집어 들고 나무 위로 올라가 신들을 놀리는 듯한 표정으로 맛있게 고기를 먹기 시작했다.

고기를 모두 빼앗긴 신들은 화가 잔뜩 났다. 로키는 긴 막대기로 독수리를 때렸고 그 바람에 독수리는 균형을 잃었고 고기가 아래로 떨어졌다.

그런데 그때 이상한 일이 벌어졌다. 로키가 잡고 있는 막대기가 독수리의 몸에서 떨어지지 않았다. 독수리가 하늘로 날아오르자 막대기를 잡고 있던 로키의 몸도 허공에 떠올랐다.

로키는 막대기를 놓으려고 애를 썼지만 막대기에 강력한 접착제라도 붙어 있는 듯 손에서 떨어지지 않았다. 막대기를 놓으려고 몸을 비틀어도 보았지만 로키의 두 손은 막대기에 찰싹 달라붙어 있었다. 독수리는 더 높은 곳으로 올라갔고 로키의 몸 또한 높이 끌려 올라갔다.

독수리는 빠른 속도로 날았고 로키는 어지러움을 느꼈다. 독수리는 로키를 괴롭히기 위해 낮게 날기 시작했다. 로키는 땅바닥에 몸이 부딪쳤다. 앞에 바위가 있으면 바위에 부딪쳤고 나무가 있으면 나무와 부딪쳤다.

심지어 독수리가 가시덤불 위를 날아갔기 때문에 온몸에 가시가 박혔고 로키는 그 고통 때문에 연신 비명을 질러댔다. 그리고 처음에는 독수리에게 욕설을 퍼부었지만 결국 애원하기 시작했다. 땅에 내려만 주면 뭐든 하겠다고 맹세했다.

## 납치된 이둔, 늙어가는 신들

독수리는 서리거인이 변장한 모습이었다. 독수리는 로키의 맹세를 받자 마법을 풀었다. 로키는 땅바닥에 내동댕이쳐졌다. 로키는 욕설을 퍼부었지만 독수리로 변장한 서리거인은 이미 사라진 뒤였다.

일주일이 지났다. 로키는 신의 이름을 걸고 맹세를 했기 때문에 지켜야 했다. 서리거인이 요구한 것은 젊음의 여신 이둔을 납치해달라는 것이었다.

로키는 이둔이 궁전 주변에 있는 들판에서 산책하고 있는 모습을 확인했다. 이둔은 나직한 목소리로 노래를 부르고 있었다. 그 광경은 매우 평화롭고 아름다운 것이었다. 이둔은 평온한 표정으로 느릿느릿 들판을 거닐고 있었다.

이둔의 팔에는 늘 그렇듯이 청춘의 사과가 담겨 있는 바구니가 걸려 있었다. 신들은 이둔이 나눠주는 청춘의 사과를 먹고 젊음을 유지했다. 신들은 늙지 않았기 때문에 죽지도 않았다.

로키는 서리거인이 기다리고 있는 비프로스트 다리 주변에 황금 사과가 달리는 신기한 나무가 있다며 이둔을 유혹했다.

로키는 이둔을 데리고 신들의 세계와 인간들의 세계를 이어주는 불타는 무지개다리인 비프로스트를 건너 미드가르드로 갔다. 기다리고 있던 서리거인이 독수리로 변신해 이둔을 낚아채서 재빨리 허공으로 사라졌다.

"이제 신들은 젊음의 사과를 먹지 못하고 늙어갈 거야."

서리거인이 떠나며 남긴 말에 로키는 아찔한 공포를 느꼈지만 이미 벌어진 일이었다. 로키는 풀죽은 표정으로 아스가르드로 돌아왔다.

한편 이둔이 어디론가 사라지고 그녀가 매일 나눠주는 사과를 먹지 못하게 된 신들은 기분 탓이겠지만 거울에 비친 얼굴과 목에 주름이 생기기 시작했다고 느꼈고 마음속에 깃든 불안은 점점 커져갔다. 이둔이 실종되고 시간이 흘러가자 신들은 실제로 늙기 시작했다. 얼굴 곳곳에 주름이 생기고 몸에서 젊음의 힘이 빠져나갔다.

신들 가운데에는 살이 빠져서 뼈 위에 거죽을 걸쳐놓은 듯한 모습을 한 신도 있었다. 눈에 핏발에 서 있는 신, 머리카락이 뭉텅뭉텅 빠진 신, 주정뱅이처럼 손을 벌벌 떠는 신, 허리가 굽어서 키가 작아진 신 등 노화의 증세는 다양하게 나타났다.

신들은 대부분 뛰기는커녕 제대로 걷지도 못했다. 관절이 생각대로 움직여주지 않았던 탓이다. 아무튼 신들의 몸에서 젊음의 기운이 서서히 빠져나가기 시작했고 그 때문에 신들이 지니고 있던 광채는 모두 타버린 양초처럼 사라지고 말았다. 신들에게 위기가 찾아왔다.

몸이 약해지면서 마음도 약해졌다. 걸핏하면 눈물을 흘렸고 다른 신을 모함하기도 했다. 더러는 술에 취한 것처럼 같은 이야기를 되풀이하는 신도 있었다.

이런 모습을 보고 위기를 감지한 오딘이 신들을 한자리에 불러 모았다. 그 자리에 두 명의 신이 보이지 않았다. 이둔과 로키였다.

## 이둔의 귀환, 젊음의 회복

오딘은 이둔의 실종에 로키가 관여되었음을 알아차렸다. 오딘은 힘없는 목소리로 로키를 찾으라고 말했다. 신들은 로키를 찾지 못하면 늙어 죽는다는 것을 알았기 때문에 필사적으로 로키를 찾아다녔다.

그때 로키는 엉뚱하게도 이둔의 밭에서 잠을 자고 있었다. 신들은 로키를 결박해서 신들의 궁전인 글라드스헤임으로 끌고 갔다.

로키는 신들의 협박을 이기지 못하고 이둔에게 일어난 일을 털어놓았다. 독수리로 변한 티아시라는 서리거인이 이둔을 납치했다고 말했다.

오딘이 로키에게 이둔을 데려오라고 명령했다. 로키는 티아시를 보기도 싫다는 표정으로 고개를 절레절레 흔들었다. 그러자 오딘은 갈비뼈를 독수리의 날개처럼 펴주고 등에 피로 독수리를 새겨주겠다고 협박했다.

티아시보다 더 무서운 것이 오딘의 분노였다. 로키는 프레이야가 갖고 있는 매 가죽을 빌려서 매로 변신해 티아시의 집이 있는 요툰헤임으로 날아갔다.

티아시의 집은 낭떠러지 위에 있었다. 멀리서 보면 바위에 가려 잘 보이지 않았다. 로키가 매 가죽을 빌려오지 않았다면 티아시의 집으로 접근하기가 힘들었을 것이다.

게다가 로키 또한 청춘의 사과를 먹지 못해 힘이 빠져 있는 상태였다. 로키는 낭떠러지에 부는 바람을 타고 티아시의 집으로 몰래 다가갔다. 로키가 티아시의 집에 도착한 것은 해가 서쪽으로 지고 있을 때였다.

티아시의 집에는 아무도 없었다. 서리거인 티아시가 딸인 스카디를 데리고 낚시를 나가고 집을 비운 상태였다. 로키는 연기가 자욱한 방에서 이둔을 발견했다. 이둔은 매캐한 연기를 피하며 불 위에 장작을 던져 넣고 있었다.

로키는 재빨리 마법의 주문인 룬 문자를 외었다. 이둔은 작은 호두로 모습이 변했다. 로키는 매의 가죽을 쓰고 매가 된 다음 이둔이 변신한 호두를 발톱으로 쥔 다음 티아시의 집에서 빠져나와 아스가르드를 향해 날아가기 시작했다.

로키가 떠나고 얼마 지나지 않아서 낚시를 나갔던 티아시와 스카디가 집으로 돌아왔다. 이둔이 보이지 않았다.

티아시는 분통을 터뜨리며 곧바로 독수리의 모습으로 변해서 큰 날개를 펼치고 허공으로 날아올랐다. 이둔을 데리고 간 것이 신이라고 짐작하고 신들이 사는 아스가르드를 향해 질주했다.

요툰헤임에서 아스가르드는 꽤 멀었다. 매로 변신한 로키가 허덕거리며 날아가고 있을 때 큰 날개와 강한 힘을 가진 독수리가 맹렬하게 쫓아왔다. 하늘에서 쫓고 쫓기는 추격전이 벌어졌다.

그 모습을 오딘이 보고 있었다. 오딘은 신들에게 성벽 위에 장작과 불에 잘 타는 것들을 쌓으라고 지시했다.

멀리서 독수리에게 쫓기는 매가 나타났다. 매가 아스가르드

성벽 안으로 들어오는 것을 보고 성벽에 쌓아둔 장작에 불을 붙였다. 티아시는 불길이 일어나는 것을 보고 피하려고 했지만 달려오는 속도를 이기지 못하고 불속으로 뛰어든 꼴이 되었다.

티아시는 불에 타 죽었고 신들은 이둔으로부터 사과를 받고 다시 젊음과 힘을 되찾았다. 신들은 새삼 이둔의 소중함, 즉 늙음과 죽음에 대해 깨닫게 되었다.

한때 노화와 죽음의 공포가 지배했던 아스가르드에는 웃음이 돌아왔고 평화로움이 감돌았다. 신들은 이둔의 납치 사건을 겪은 다음 예전에 절실하게 느끼지 못했던 주위의 사소한 것들에 관심을 기울였다. 또한 풀이나 새와 같은 작은 생명체들의 소중함도 새삼 깨달았다.

생명의 소중함, 청춘의 귀중함을 배웠다는 점에서 이둔의 납치 사건은 신들에게 전화위복이 되었다.


## 스카디의 결혼

죽음을 피할 수 없는 인간이 삶을 살았다는 흔적을 남길 수 있는 방법은 동상과 같은 기념물의 주인공이 되거나 결혼을 통해 아이를 낳는 것이다.

그래서 죽음에 대한 이야기는 그 흔적, 그러니까 기념물이나 결혼의 이야기에서 다시 시작되기 마련이다. 그것이 뭐든 끝이

나면 새로운 것이 시작되는 법이다.

신들을 위기로 몰아넣었던 서리거인 티아시는 죽었다. 그리고 새로운 이야기가 시작된다. 그 이야기의 주인공은 티아시의 딸 스카디다.

스카디는 오랫동안 아버지가 돌아오기를 기다렸다. 저녁 무렵에 독수리로 변신해서 집을 떠난 아버지가 새벽이 되고 다시 저녁이 되어도 돌아오지 않았다. 스카디는 아버지에게 일이 생겼음을 예감했다.

스카디는 아버지가 아스가르드의 신들에게 살해되었을 것이라고 생각했다. 스카디는 주위를 둘러보았다. 황량하고 거친 요툰헤임의 정경이 보였다. 곳곳에 눈이 덮여 있고 나머지는 얼음과 거친 바위로 덮여 있었다. 계속해서 차갑고 매서운 바람이 그녀의 몸을 휘감고 지나갔다. 아버지를 잃고 홀로 된 스카디의 가슴 깊은 곳으로 차가운 바람이 스며드는 듯했다.

며칠 후 스카디는 아버지의 복수와 홀로 남겨진 외로움을 극복하기 위해 갑옷을 입고 아버지의 투구를 골라서 썼다. 그리고 훌륭하게 조각된 칼과 멋지게 장식된 방패를 들고 아스가르드를 향해 출발했다.

아버지의 복수를 위해 찾아온 스카디를 앞에 둔 신들은 난감했다. 스카디와 싸우고 싶지 않았다. 그래서 몇몇 신들이 스카디를 달랬다.

　신들은 싸우고 싶지 않다며 원하는 것이 있으면 그것이 무엇이든 들어주겠다고 제안했다. 이미 아버지는 세상을 떠났다. 스카디는 굳이 목숨을 걸고 싸울 필요가 없다고 생각했다. 그녀는 아버지의 죽음을 헛되지 않게 해달라고 말한 다음 그 누구도 상상하지 못한 요구를 했다.

　"남편을 하나 구해주세요."

　결혼과 아이가 이어진다는 점에서 스카디는 아버지의 죽음을 대가로 새로운 생명을 요구한 셈이다.

　스카디의 요구조건을 듣고 오딘이 주머니에서 두 개의 구슬을 꺼냈다. 죽은 티아시의 눈이었다. 그것을 본 스카디의 눈에서 눈물이 흘렀다. 오딘은 두 개의 구슬을 하늘로 던졌다. 하늘로 올라간 눈동자는 반짝거리며 빛을 냈다. 하늘의 별이 된 것이다. 티아시가 살았다는 삶의 기념물이 하늘에 생겼다.

　스카디는 그 모습을 보고 마음이 편해졌고 오딘에게 감사했다. 이제 하나의 요구조건만 남았다. 신랑감이었다. 스카디는 이미 마음속에 점찍어둔 남자가 있었다. 바로 오딘의 아들이며 청춘의 신으로 아스가르드 최고의 미남인 발데르였다.

　신들도 그 사실을 눈치챘다. 신들은 스카디에게 발만 보고 신랑감을 고르라는 조건을 내세웠다. 얼마 후 두꺼운 커튼 아래에 남자들의 발만 죽 줄지어 있는 기묘한 모습이 연출되었다. 발 이외에 다른 부분은 볼 수가 없었다.

스카디는 발데르가 얼굴이 잘 생겼으니까 발까지 잘 생겼을 것이라고 예상했다. 그래서 몇 차례 발들 앞을 오고가면서 가장 아름답게 생긴 발을 찾았다. 그리고 부드럽고 아름답게 생긴 발 앞에 걸음을 멈추고 그 발의 주인을 자기의 남편으로 맞이하겠다고 말했다.

그러나 정작 커튼이 젖혀진 뒤에 나타난 발의 주인공은 풍요와 여름의 신인 뇨르드였다. 스카디는 실망한 표정이 역력했다. 옆에서 로키가 자기를 선택했으면 어쩔 뻔했냐며 비아냥거렸다.

이미 결혼은 결정되었다. 문제가 하나 있었다. 서로 사는 곳이 달라도 너무 달랐다. 어디에서 살아야 할지 결정하기 힘들었다. 그래서 각각 9일씩 살아보기로 했다.

먼저 스카디의 집으로 가기로 했다. 이들의 발걸음은 스카디의 집이 있는 요툰헤임으로 향했다. 요툰헤임에 가까워질수록 눈부신 햇살은 옅어지고 푸르른 숲과 초원은 바위와 황량한 땅으로 바뀌어갔다. 때로 자갈로 이루어진 산비탈을 올라가야 했고 높은 암벽을 타 넘어야 했다.

이들은 얼음과 눈으로 뒤덮여 있는 요툰헤임으로 들어섰고 스카디의 집으로 갔다. 그리고 뇨르드와 스카디는 첫날밤을 보냈다. 뇨르드는 불편한 마음으로 얼음과 눈보라의 세계에서 늑대들이 울부짖는 소리를 들으며 9일을 보내야 했다.

9일 후 이번에는 뇨르드의 집으로 향했다. 그곳은 요툰헤임과 전혀 달랐다. 땅이 비옥하고 끝없이 펼쳐진 수평선이 아름다운 풍경을 연출해냈다.

그러나 스카디는 뇨르드가 황량하고 얼음으로 뒤덮인 요툰헤임을 싫어했던 것처럼 시끄러운 파도소리와 비린내를 견딜 수가 없었다.

스카디와 뇨르드는 결혼을 했지만 살아온 환경이 너무나 다르기 때문에 함께 살기가 어렵다는 결론을 내렸다. 그래서 각자 원하는 곳에서 살기로 했다. 뇨르드와 스카디는 서로 사랑해서 결혼한 것이 아니기 때문에 자기의 것을 포기하려고 하지 않았다. 결국 스카디와 뇨르드는 각자 자기의 집에서 자유롭게 살기로 결론을 내렸다.

이렇게 서리거인 티아시가 꾸민 젊음의 신 이둔 납치 사건은 엉뚱하게도 스카디의 결혼으로 막을 내렸다.

그 과정에서 신들은 노화의 무력함과 죽음의 공포를 통해 젊음과 생명의 소중함을 새삼 깨닫게 되었다. 한편 로키는 다시 이야기를 이끄는 주인공이 되어 서리거인으로부터 수난을 당하고 이둔을 되찾고 마무리까지 맡아서 해야 하는 역할을 맡았다. 그

리고 스카디는 속박에서 벗어나 자유를 얻었고 훗날 엉뚱하게
도 오딘과의 사이에서 여러 아이들을 낳았다.

## 신들과 생로병사

북유럽 신화의 특징 가운데 하나가 신들도 늙고 죽는다는 점
이다. 앞에서 본 것처럼 이둔의 사과를 먹지 못하면 노화가 시작
되고 노인들처럼 힘이 떨어진다. 그뿐만 아니라 뒤에서 보겠지
만 세상의 종말이 찾아오면 신들도 예외 없이 죽음을 맞이한다.

신화에 등장하는 신들과 인간의 결정적인 차이점은 죽음이
다. 곧 인간은 죽지만 신은 죽지 않거나 아주 오래 산다. 이런
이유로 인간 가운데 죽지 않기를 바라거나 오래 살기를 꿈꾸
며 신의 반열에 오르고자 하는 자들이 있다. 중국을 최초로 통
일했던 진시황이 불로초를 구하기 위해 사방으로 사람을 보낸
것은 유명하다.

많은 사람들이 장수를 꿈꾸었고, 많은 전설과 민담에 장수를
주제로 한 이야기가 포함되었다. 무릉도원과 같은 유토피아의
가장 핵심적인 요소는 시간이다. 인간이 극복할 수 없는, 즉 한
계상황이라고 부를 수 있는 죽음이 존재하지 않거나, 시간이 인
간세계와 다르게 흘러가는 것이 유토피아의 본질 가운데 하나
다. 실제로 무릉도원에서 바둑 한 판 두는 시간이 인간세계에서

는 수십 수백 년의 시간에 해당된다.

그러나 인간은 죽을 수밖에 없는 존재고 시간을 벗어날 수 없는 존재다. 그에 대한 대응으로 생각해낸 것이 죽은 다음의 세상이다. 이승의 삶은 시간의 제약을 받지만 저승의 삶은, 달리 표현하면 천국이나 낙원에서는 신처럼 시간 제약 없이 살기를 꿈꾸었던 것이다.

그래서 오랫동안 인류는 유한한 이승보다는 무한한 저승에 관심을 가졌고 저승을 삶의 목적지로 삼아 살아왔다. 간단한 도식으로 만들면 삶의 목적은 죽음이다. 이 죽음에 맞선 투쟁이 오늘날 우리가 누리고 사는 문화의 상당 부분을 만들었다. 우리의 문화는 죽음에 빚지고 있는 셈이다.

그렇다면 죽지 않는 신들은 어떻게 젊음을 유지하고 죽음을 초월할 수 있을까? 종교에서는 처음부터 그것을 전제하고 그에 대한 물음을 던지지 않았다. 종교에서는 신이 어떻게 죽지 않는지에 대해 설명해주지 않는다.

그러나 인간의 세계를 토대로 하는 신화는 그에 대한 답을 고민해야 했다. 그 대답의 하나가 앞에서 본 이둔의 청춘을 유지해주는 사과다. 인간들처럼 먹는 것을 통해서 젊음을 유지하고 죽음을 초월할 수 있다고 생각한 것이다. 다른 지역의 신화도 다르지 않다. 인도 신화에는 신들의 음료라고 불리는 넥타르가 나오고 그리스 신화에는 암브로시아가 있다.

# 8

거칠고 황량한 존재들, 서리거인

## 상상과 마법의 세계

북유럽 신화에서만 만날 수 있는 존재 가운데 하나가 서리 거인이다. 서리거인이 중동 지역이나 아프리카에 있을 까닭이 없다. 서리거인은 서리에서 태어났기에 붙여진 이름이니까 말이다.

서리거인은 춥고 황량한 지역의 자연적 배경에서 태어났다. 달리 말하면 춥고 황량한 자연 자체가 서리거인을 의미한다.

인류는 때로는 자연과 조화를 이루면서 때로는 자연을 인공적인 것으로 바꾸면서 문명을 발전시켜왔다.

북유럽 세계에서는 거칠고 황량한 자연의 모습을 서리거인으로 표현했다. 그래서 비록 신들과 대립적이지만 서리거인은 자연이 그렇듯이 선하지도 않고 악하지도 않다. 게다가 최고신 오딘의 어머니가 서리거인이다. 많은 신들이 여자 서리거인과 짝을 이루었고, 그 사이에서 많은 아이들이 태어난다.

자연은 인류에게 먹을 것을 비롯한 많은 것을 주는 등 인간이 보기에 선한 얼굴도 갖고 있지만 한편으로 폭풍을 비롯한 가뭄이나 지진 등 인간이 보기에 악한 얼굴도 갖고 있다.

따라서 아스가르드의 신들이 서리거인과 다툼을 벌이거나 연애 행각을 벌이는 것은 자연과의 관계를 의미한다.

그렇기에 신들이 서리거인들이 살고 있는 요툰헤임으로 여행을 가는 것은 미지의 자연을 탐험하는 것과 의미적으로 닮아 있다.

이 탐험에는 북유럽 신화가 지니고 있는 고유한 상상력이 발휘된다. 고대 바이킹들이 그들의 세계를 탐색하고 모험하면서 가졌던 발랄하면서도 과장된 마법의 세계가 신화에 그대로 반영되어 있다.

마법과 상상의 세계인 서리거인들과 그들이 살고 있는 요툰헤임으로 가는 길은 전쟁의 신 토르와 트릭스터 로키가 안내한다.

### 토르와 로키의 동행

어느 여름, 아스가르드는 한없이 평화로웠다. 아무 일도 일어나지 않는 나날들이 오래되었다. 전쟁도 그렇지만 평화도 오래 지속되면 피로감이 쌓이기 마련이다. 특히 다혈질인 토르와 장난기 많은 로키는 견딜 수 없을 지경에 이르렀다.

토르는 그 피로를 털어내겠다고 마음을 먹고 서리거인들과 힘을 겨루기로 작정했다. 로키는 그 계획을 알고 머리 회전이 빠른 자가 필요하지 않겠냐고 따라나섰다. 다음날 모험을 떠날 마음에 설렌 토르와 로키는 동이 트기도 전에 마차를 타고 아스가르드를 떠났다.

아스가르드를 벗어난 두 신은 서두르지 않고 천천히 달리면서 평화로운 세상을 구경했다. 그 사이에 어느덧 해가 뉘엿뉘엿 지고 있었다. 그러나 주위에 하룻밤 쉬어갈 만한 집이 보이지 않았다. 땅거미가 질 무렵이 되어서야 토르와 로키의 눈앞에 허름한 농가 하나가 나타났다.

하지만 그 농가는 너무나 초라했다. 달리 묶을 곳이 없었기에 하는 수 없이 토르는 염소가 끄는 마차를 세웠다. 밖에서 인기척이 들리자 농가의 주인 부부와 그들의 아이들인 티알피와 로스크바가 무슨 일인지 알아보기 위해 문을 열고 나왔다.

농부는 잠자리는 문제가 없지만 먹을 것이 야채밖에 없다며 송구스러워했다. 그러자 토르가 고기는 걱정하지 말라며 마차를 끄는 두 마리의 염소를 잡아 가죽을 벗긴 다음 끓고 있는 솥에 넣었다. 얼마 후 고기가 익자 염소 가죽을 펼쳐놓고는 뼈가 상하지 않게 고기만 먹은 다음 그 뼈를 가죽 위에 잘 놓으라고 신신당부를 했다.

가난한 농부의 가족과 토르 일행은 맛있게 염소 고기를 먹었다. 그런데 농부의 아들인 티알피가 뼈를 씹어 그 속의 즙을 마신 다음 시치미를 떼고 가죽 위에 올려놓았다.

다음날 아침 토르는 뼈를 싼 가죽을 들고 바깥으로 나가 신성한 주문을 외었다. 그러자 놀라운 일이 벌어졌다. 죽었던 염소가 원래의 모습으로 되살아난 것이다. 그런데 한 마리가 뒷다리를 절룩거렸다. 티알피가 뼈를 씹은 곳이었다.

토르는 분노했다. 마법의 망치 몰니르까지 치켜올렸다. 토르는 쉽게 화를 내지만 마음은 여렸다. 농부 가족이 손이 발이 되도록 싹싹 빌자 하는 수 없이 망치를 밑으로 내렸다. 그 대신에 염소는 농부의 집에 두고 농부의 남매를 시종으로 데리고 가기로 했다.

토르 일행은 하루를 걸어서 서리거인들이 사는 요툰헤임과 인간세계인 미드가르드 사이에 있는 바다에 이르렀다. 바다 건너로 황량한 느낌을 주는 분지가 보였다. 토르 일행은 그곳에서 야영을 했다.

다음날 아침 토르 일행은 멀리 떨어지지 않는 곳에서 주인이 없는 낡은 배 한 척을 발견했다. 토르 일행은 배에 올랐고 토르가 노를 힘차게 저었다. 배는 매우 빠른 속도로 달려나갔고 해가 중천에 떴을 무렵 건너편 해안에 도착했다. 그곳은 바다와 산 사이에 자리하고 있는 긴 땅인 우트가르드였다. 눈에 들어오는 것은 끝없는 모래밭과 그 너머에 펼쳐진 황량한 들판이었다.

### 거대 거인 스크리미르

토르 일행은 일단 내륙으로 들어가보기로 했다. 얼마 후 일행 앞에 나타난 것은 길이 보이지 않는 거대한 숲이었다. 그러나 달리 길이 없었기 때문에 숲으로 들어갔다. 그러나 숲은 거의 미로였다.

토르 일행은 어디로 가야할지 모른 채 아무것도 먹지 못하고 하루 종일 숲속을 돌아다녔다. 토르 일행은 허기와 피곤에 시달렸다. 또한 숲이 풍기는 짙은 나무 냄새가 일행의 머리를 아프게 만들었다. 그 사이에 하늘의 햇빛이 엷어지고 저녁이 찾아왔다. 토르 일행은 하루 종일 살아서 움직이는 것을 만나지 못했다.

저녁이 되자 토르는 티알피에게 머물 곳을 찾아보라고 시켰다. 얼마 후 티알피가 돌아와 공터에 이상하게 생긴 집이 있다고 알렸다. 토르 일행이 가보니 공터에는 정말 이상한 집이 하나 있었다.

먼저 그 집은 문이 없었다. 큰 동굴처럼 구멍이 하나 뻥 뚫려 있었다. 입구가 큰 만큼 집 또한 엄청나게 컸다. 아스가르드에 있는 신들의 궁전들을 모두 넣어도 될 정도로 컸다.

토르 일행은 집이 이상하게 생겼지만 이슬을 피할 수 있겠다고 생각하고 그 집에 들어가 하룻밤을 보내기로 했다. 일행은 먹은 것이 없어서 심한 허기를 느꼈지만 그에 못지않게 피곤했기 때문에 곧바로 잠에 곯아떨어졌다.

일행은 한밤중에 한꺼번에 잠에서 깨어났다. 엄청나게 큰소리가 그들을 덮쳤기 때문이다. 바깥에서 들려오는 큰소리는 점점 가까이 다가왔고 땅이 흔들리기 시작했다. 토르는 자기도 모르게 묠니르를 움켜쥐었다.

토르 일행이 바깥으로 나가려고 할 때 소리도 멈추고 땅의 흔들림도 멈추었다. 언제 그랬냐는 듯이 깊은 정적이 찾아왔다. 불안을 느낀 토르 일행은 집안 깊숙이 들어가보기로 했다. 일행은 벽을 따라서 가다가 다른 방으로 들어가는 입구를 발견했다. 그곳 또한 문은 없었다. 그 방은 앞서 보았던 곳보다는 작아 보였다. 그곳이라면 적이 나타나더라도 방어하기에 좋을 듯했다.

그들은 다시 잠이 들었지만 간헐적으로 들려오는 낮고 울리는 으르렁거리는 소리 때문에 여러 차례 잠에서 깼다. 날이 밝자 토르는 조심스럽게 집 밖으로 나가서 주위를 둘러보았다. 밤새도록 자기들을 괴롭힌 소리의 정체를 찾아보기 위해서였다. 집밖으로 나간 토르는 눈이 커질 정도로 깜짝 놀랐다. 집밖의 넓은 공터에 거인이 하나 누워서 자고 있었다. 거인은 가끔 코를 골았다.

토르는 만약을 대비해서 묠니르를 단단히 잡았다. 그때 거인도 잠에서 깼다. 거인의 키는 엄청나게 커서 인근에 있는 나무보다도 더 컸다. 토르는 자기도 모르게 뒤로 물러났다.

그 모습을 보고 거인은 자기 이름이 몸집이 크다는 의미인 스크리미르라고 소개하고 자기 장갑을 보지 못했냐고 물었다. 스크리미르는 주변을 두리번거리다가 엄청나게 큰 장갑을 집어 들었다.

그 장갑은 토르 일행이 집으로 착각하고 들어가서 잠을 잔 그것이었다. 토르 일행이 처음 잠을 청했던 곳이 장갑의 손바닥 부분에 해당되는 곳이고 작은 방으로 착각했던 것이 손가락이 들어가는 부분이었던 것이다.

스크리미르는 토르 일행이 우트가르드로 간다는 말을 듣고 함께 가자며 동행을 청했다. 스크리미르는 키가 컸기 때문에 보폭도 컸다. 토르 일행은 거의 뛰다시피 따라가야 했다. 하루 종일 거인의 발자국 소리를 들으며 걸었던 토르는 자존심이 상하고 화가 치밀었다.

그날 저녁 스크리미르가 코를 골며 잠에 빠지자 토르는 묠니르를 꺼내서 있는 힘을 다해 스크리미르의 앞이마를 내리쳤다. 로키는 뭔가 이상하다는 듯이 심각한 표정으로 토르의 모습을 지켜보고 있었다.

토르의 망치 묠니르는 난쟁이들이 만든 것으로 마법의 힘을 갖고 있기 때문에 세상에 부수지 못할 것이 없었다. 또한 던지면 목표물을 때리고 부메랑처럼 토르의 손으로 돌아오는 힘도 갖고 있었다.

이마에 망치를 맞은 스크리미르는 깜짝 놀랐다는 듯이 벌떡 일어났다. 하지만 주위를 한번 둘러보고는 다시 잠에 빠졌다. 토르는 스크리미르와 망치를 번갈아 보았다. 토르는 이해할 수가 없었다.

토르는 다시 있는 힘을 다해 묠니르로 스크리미르의 머리를 내리쳤다. 그러나 거인은 아무렇지 않다는 듯이 자리에서 일어나 정수리 쪽을 한번 만졌을 뿐이다. 토르는 분한 마음에 잠을 이룰 수가 없었다. 귀신에게 홀린 기분이었다.

스크리미르는 토르를 보고 우트가르드에는 자기보다 작은 거인이 없으니 자존심을 지키고 싶다면 그냥 돌아가는 편이 낫다고 말했다. 그래도 가보고 싶다면 동쪽으로 가라며 방향을 알려주고 북쪽을 향해 떠났다. 토르는 어안이 벙벙했다.

## 우트가르드에서 벌어진 내기

토르 일행은 우트가르드로 가기 위해 동쪽으로 향했다. 해가 중천에 떴을 무렵 멀리서 흐릿하게 무엇인가 보였다. 그것은 산이었다. 토르 일행은 비탈길을 올라갔고 산등성이를 지나자 평원에 거대한 성채가 보였다.

토르 일행은 평원으로 내려가 성채 앞에 섰다. 성채는 엄청나게 거대했고 철문이 굳게 잠겨 있었다. 빗장 사이로 안을 들여다본 토르 일행은 그 크기에 기가 질렸다.

토르 일행은 안으로 들어가기 위해 문을 두드려보기도 하고 소리를 지르기도 했지만 누구 하나 내다보는 사람이 없었다. 토르가 나서서 문을 밀어보기도 했지만 철문은 꼼짝도 하지 않았다. 로키와 티알피 남매는 빗장 사이에 난 틈을 통해 안으로 들어갔고 토르는 쇠창살을 몇 개 구부린 다음에 겨우 들어갈 수 있었다.

토르 일행은 거대한 홀을 향해 걸어갔다. 홀의 문은 열려 있었다. 홀 안에는 수많은 남녀 거인들이 커다란 의자 위에 누워 있었다. 그들은 스크리미르가 말한 것처럼 몸집이 어마어마하게 컸다.

거인들은 홀 안으로 들어온 토르 일행을 보고 난쟁이를 보듯이 비웃었다. 또한 티알피의 여동생인 로스크바에게는 추파를 던졌다. 토르 일행은 홀 끝에 홀로 앉아 있는 거인이 우트가르드의 왕일 것으로 짐작하고 그 앞으로 걸어갔다.

토르가 인사를 했지만 우트가르드의 왕은 아이처럼 속삭인다며 토르를 조롱하고 특별한 능력이 없다면 집으로 돌아가라고 말했다. 토르가 말문이 막혀 허둥거리자 로키가 자기가 세상에서 음식을 가장 빨리 먹을 수 있다며 내기를 하자고 제안했다.

우트가르드의 왕은 로키를 쳐다보고 가장 끝에 앉아 있던 로기라는 이름을 가진 거인과 대결을 해보라고 말했다. 곧 긴 식탁 위에 고기가 잔뜩 놓였고 양쪽에 로키와 로기가 앉았다. 둘은 신호와 함께 엄청난 속도로 고기를 먹어치우기 시작했고 결국 중간에서 만났다.

로키는 뼈를 한쪽에 쌓아두었지만 로기는 뼈뿐만 아니라 탁자까지 모두 먹어치웠다. 그 모습을 본 우트가르드의 왕은 로기의 승리를 선언했다. 주변에 있던 거인들이 로키를 비웃었다. 로키는 이해할 수 없다는 표정을 짓고 있었다.

우트가르드의 왕은 티알피를 보고 무슨 능력이 있는지 물었다. 티알피는 겁먹은 표정으로 빨리 달릴 수 있다고 대답했다. 우트가르드의 왕은 후기라는 거인을 지목했다. 멀리 보이는 반환점을 빨리 돌아오는 내기였다.

티알피는 있는 힘을 다해 발이 보이지 않을 정도로 뛰었지만 후기가 빨랐다. 우트가르드의 왕은 웃으며 두 차례의 기회를 더 주었지만 후기는 점점 빨라졌고 그만큼 차이가 벌어졌다. 이번에도 거인 후기의 승리였다. 이제 남은 것은 토르뿐이었다.

토르는 술을 선택했다. 우트가르드의 왕은 토르 앞에 거대한 술잔을 갖다놓고 자기들은 대체로 단번에 마시고 가끔 두 번에 나눠 마시기도 하지만 세 번에 나눠 마시는 일은 없다며 토르에게 술을 권했다.

토르는 갈증이 난다는 듯이 술잔의 술을 들이켰다. 한참을 마시다가 숨을 쉴 수 없게 되었을 때 술잔을 내려놓았다. 술잔을 본 토르는 깜짝 놀랐다. 술잔의 술이 아주 조금밖에 줄어들지 않았던 것이다.

우트가르드의 왕은 비웃으며 두 번째는 다 비울 수 있겠냐고 물었다. 화가 난 토르는 곧바로 술잔을 집어 들고 술을 마시기 시작했다. 다 비웠다고 생각하고 내려놓았지만 아까와 거의 차이가 없었다. 토르는 기가 막혔다.

우트가르드의 왕은 측은하다는 표정으로 다른 내기를 제안했다. 이번에는 고양이 들기 내기였다. 왕이 고양이를 불렀고 왕좌 옆에 누워 있던 고양이가 사뿐히 뛰어올라왔다.

토르는 고양이에게 다가가 배를 잡고 들어 올리려고 했다. 그러나 고양이의 배만 위로 조금 올라왔을 뿐 네 발은 그대로 있었다. 토르는 젖 먹던 힘까지 쏟았지만 네 발은 여전히 땅에 붙어 있었다. 토르가 악을 쓰자 겨우 한쪽 발이 땅에서 떨어졌다. 그뿐이었다.

이번에는 화가 난 토르가 씨름을 하자고 고래고래 소리를 질렀다. 그러자 왕은 자기 할머니인 엘리와 붙어보라고 제안했다. 고양이도 들지 못하는 토르에게 할머니가 제격이라는 말과 함께였다.

얼마 후 쪼글쪼글한 얼굴에 허리가 굽은 할머니가 지팡이를 짚고 홀에 나타났다. 곧이어 토르와 씨름이 시작되었다. 토르는 엘리가 힘이 세다는 것을 느꼈다. 토르가 힘껏 엘리를 들어 올리려고 했지만 꼼짝도 하지 않았다. 토르는 죽을힘을 다해 엘리를 누르려고 했지만 엘리는 평온한 표정으로 토르의 힘을 받아냈다.

이번에는 엘리의 차례였다. 엘리는 토르를 들어 올려 균형을 무너뜨렸다. 그 바람에 토르는 무릎을 꿇고 말았다.

토르도 이제 어쩔 도리가 없었다. 그날 밤 왕은 토르 일행에서 술과 음식을 대접했고 거인들과 함께 먹고 마시다가 그대로 쓰러져 잠이 들었다. 다음날 왕은 어제와 달리 토르 일행을 정중하고 따뜻하게 배웅했다.

## 내기의 진실

우트가르드 밖으로 나온 왕은 토르에게 우트가르드의 여행 소감을 물었다. 토르는 세상이 넓다는 것을 배웠다고 대답했다. 그러자 왕이 웃으며 진실을 말해주겠다고 했다. 옆에 있던 로키는 대충 짐작을 하겠다는 듯이 미소를 지었다. 우트가르드의 왕이 밝힌 진실은 놀라웠다.

"나는 당신을 속이기 위해 마법을 사용했소. 당신들이 숲에서 만난 스크리미르는 나였지요. 당신은 나를 망치로 내리쳤지요? 내가 그것을 맞았다면 아마 죽었을 거요. 산 아래에 사각형 골짜기가 있는데 그것이 망치로 내리친 자국이요.

우리가 벌인 내기도 마법이었지요. 로키와 대결한 로기는 불이었소. 그러니 닥치는 대로 먹어치운 거요. 티알피와 상대했던 후기는 내 생각이었소. 아무리 빨라도 생각보다는 빠를 수가 없지요.

토르 당신이 술을 마시는 것을 보고 너무 놀랐소. 그 술잔에 든 술은 바다와 연결되어 있었소. 당신은 바다를 마신 거요. 당신이 들었던 고양이는 세상을 휘감고 있는 뱀인 요르뭉간드였소. 나는 한쪽 발이 떨어지는 것을 보고 너무 놀랐다오.

더욱 놀라운 것을 엘리였소. 엘리는 시간이었소. 시간을 상대로 한쪽 무릎밖에 꿇지 않다니! 아무리 힘이 센 자라고 해도 시간을 이길 수는 없는 법이니까."

토르는 멍한 표정으로 이야기를 들었다. 우트가르드의 왕은 다시는 찾아오지 말라고 당부했다. 다시 온다면 마법을 쓸 수밖에 없다고 말하고 사라졌다.

토르는 허탈한 표정을 감추지 못했다. 옆에서 로키는 연신 웃고 있었다. 토르는 망치를 들고 성벽을 부수기 위해 돌아섰지만 이미 성벽도 사라지고 없었다. 남은 것은 아무것도 없었다.

남은 것은 토르가 내리쳤던 골짜기가 된 망치 자국뿐이었다. 토르는 일행과 함께 아스가르드로 돌아갈 수밖에 없었다. 토르 일행은 왔던 길을 돌아서 농가에 들러 마차와 염소를 되찾고 티알피 남매까지 데리고 아스가르드로 향했다.

토르와 로키가 찾아갔던 우트가르드는 서리거인들의 세계, 달리 말하면 사람들의 발길이 거의 닿지 않은 깊은 자연의 세계다. 자연에서는 우리에게 익숙한 인공적인 것 대신에 본래의 모습인 산과 바다, 불, 시간 등이 사람들을 맞이한다. 그리고 그 자연과 조화를 이루거나 맞서는 과정에서 상상력이 크게 발휘된다. 사실 인류의 상상력은 대체로 자연에서 유래했다. 인류는 삶을 풍요롭게 만들기 위해 늘 모험을 꿈꾸었고, 또 꿈꾸어야 한다.

# 9

풍요로운 약자들, 난쟁이

## 주변의 타자들

북유럽 신화에 등장하는 독특한 캐릭터 가운데 하나가 난쟁이와 요정 같은 존재들이다. 먼저 요정을 살펴보면 이들은 난쟁이들보다 착하고 생긴 것도 혐오스럽지 않다. 그래서인지 신들의 세계인 아스가르드나 인간들의 세계인 미드가르드와 가까운 알프헤임에서 살고 있다.

요정들은 꽃을 돌보고 숲속에서 새들과 함께 살았다. 그러나 요정은 아이들을 숲속으로 꾀어내기도 했다. 사람들은 숲으로 들어가 돌아오지 않는 아이가 생기면 요정을 따라서 알프헤임으로 갔다고 믿었다.

난쟁이와 비슷하지만 성격이 좀 다르게 불리는 코볼드가 있다. 코볼드는 사람들의 집 근처에 살았는데 때때로 장작을 대신 패주거나 건초더미를 옮겨주기도 했다.

그러나 이들도 밤에만 움직이기 때문에 실제로 본 사람은 거의 없다. 또한 이들은 땅속의 보물을 지키는 난쟁이로 알려져 있다. 우리나라의 도깨비와 비슷한 존재들이다. 그래서 오늘날에도 북유럽에서는 코볼드를 위해 음식을 일부러 남겨두기도 한다.

영화에 자주 등장하는 트롤이라는 거대한 괴물도 있다. 트롤은 힘이 매우 강하고 흉포한 괴물이다. 때때로 사람을 잡아

먹기도 했다. 그러나 스코틀랜드 지방의 트롤은 북유럽 트롤보다 덩치도 작고 힘도 약하다. 트롤은 긴 어금니와 날카로운 발톱, 혐오스러운 얼굴을 가지고 있다고 전한다. 그리고 유럽의 옛날이야기에 자주 등장하는 뾰족한 모자를 쓴 남자 난쟁이 놈gnome도 있다.

이런 작거나 특이한 존재 가운데 가장 특징적인 것은 역시 난쟁이dwarf이다. 앞에서 보았듯이 신들이 거인 이미르의 몸에 생긴 구더기에게 인간적 힘을 주어 태어난 것이 난쟁이였다. 난쟁이들은 주로 지하 동굴에서 사는데 금은과 같은 금속이 지하에 묻혀 있다는 점에서 금은과 금속을 잘 다루는 존재, 즉 장인의 역할을 맡고 있다.

한편으로 금과 은을 다루기 때문에 탐욕스러운 성격을 갖고 있다. 그 탐욕에서 가지를 친 감정이 질투심과 공명심이다. 난쟁이들은 유난히 질투가 심하고 잘난 척 하기를 좋아했다. 로키를 비롯한 신들은 종종 이런 난쟁이들의 성격을 이용해서 원하는 물건을 손에 넣었다.

난쟁이들은 주로 지하 동굴에서 살았다. 그것은 난쟁이들이 낮에 돌아다니면 신이나 사람들을 놀라게 할 수 있다고 생각해서 햇살에 민감한 피부로 만들어 밤에만 활동하도록 만든 것과 관련이 있다.

지하에 살게 되면서 자연스럽게 지하에 묻혀 있는 금속을 다루는 기술자가 되었고 금은을 다루다보니 탐욕스러운 성격이 생겼고 거기서 사악함과 질투심까지 생겨났다는 말이다.

기술자로서의 난쟁이는 앞에서 로키의 계략에 속아 신들을 위한 선물을 만들었던 이야기에서 보았고, 사악하고 탐욕스러운 난쟁이는 크바시르를 죽여서 술을 만드는 이야기에서 살펴보았으니 여기서는 잘난 척을 하다가 자기의 꿈을 이루지 못한 슬픈 난쟁이의 이야기를 읽어보자.

## 난쟁이 알비스가 꾸었던 꿈

난쟁이들은 대체로 황금에 대한 탐욕이 있고 질투심도 강하지만 난쟁이 모두가 그런 것은 아니었다. 더러는 물건을 만드는 것보다 공상을 좋아하고 엉뚱한 것에 욕심을 가진 난쟁이도 있었다. 그런 난쟁이 가운데 하나가 알비스였다.

알비스는 여느 난쟁이처럼 지하에서 살았지만 바깥세상에 관심이 많았고 늘 바깥세상의 소식에 귀를 기울였다.

어느 날 알비스는 매우 엉뚱한 결심을 했다. 그것은 신의 딸과 결혼하겠다는 것이었다. 난쟁이들 가운데 누구도 상상하지 못했던 생각이다. 더욱 엉뚱하고 놀라운 것은 상대가 다른 신도 아닌 전쟁의 신 토르의 딸 트루드였다.

알비스는 결심이 서자 곧바로 실행에 옮겼다. 세상에 어둠이 내리기 시작하자 늘 어두컴컴한 지하세계를 빠져나가 신들이 살고 있는 아스가르드로 향했다. 알비스는 짧은 다리를 부지런히 놀려서 아스가르드에 도착했다.

그런데 문제가 하나 생겼다. 아스가르드를 처음 찾아왔기에 토르가 사는 궁전인 빌스키르니르가 어딘지를 알 수 없었다. 더욱 얼토당토않은 것은 토르가 어떻게 생겼는지, 트루드가 어떻게 생겼는지도 몰랐다는 점이다. 알비스는 토르를 만나 무작정 딸을 달라고 할 작정이었다.

알비스는 아스가르드를 하릴 없이 왔다 갔다 하다가 거칠고 덩치가 큰 누군가를 만났다. 토르였다. 알비스는 그가 하인일 것이라고 생각하고 퉁명스럽게 토르의 집을 알려달라고 말했다.

토르는 어처구니가 없었지만 꾹 참고 알비스를 내려 보며 무슨 일이냐고 물었다. 알비스는 자기가 신부를 구하기 위해 왔다는 것과 그 신부가 토르의 딸인 투르드라는 점을 밝혔다. 그 말을 듣고 있는 토르는 기가 막혔다.

토르는 알비스에게 누군지를 물었다. 알비스는 자기 몸을 크게 보이게 하기 위해 허리를 쭉 펴고 가슴을 펼쳤지만 여전히 한참 올려봐야 토르를 볼 수 있었다. 알비스는 언덕 아래에 동굴을 갖고 있고 세상에서 모르는 것이 없는 난쟁이라고 으스대며 자기를 소개했다.

알비스는 난쟁이들이 신들에게 선물을 많이 했으니 그 대가로 투르드를 데려갈 자격이 있다고 주장했다. 신들이라면 약속을 지킬 것이라고!

토르는 더 이상 터무니없는 이야기를 듣고 싶지 않았다. 토르는 자기의 정체를 밝히고 집으로 돌아가라고 말했다. 알비스는 깜짝 놀라 뒤로 물러섰지만 의연함을 잃지 않았다. 알비스는 왜 자기가 트루드와 결혼을 해야 하는지에 대해 장황하게 설명하기 시작했다.

## 밤새 이어진 토르의 질문

토르는 주절주절 말을 이어가는 알비스를 가만히 바라보았다. 그대로 두었다가는 진드기처럼 계속 따라다닐 것이 분명했다. 이참에 확실하게 떼어놓아야겠다고 생각했다.

알비스는 트루드와 결혼하기 위해 많은 노력을 했고 그 가운데에서도 세상에 대한 공부를 많이 했다는 말까지 이어갔다. 토르는 그 말을 듣는 순간 좋은 생각이 떠올랐다. 토르는 갑자기 부드럽게 태도를 바꾸었다.

토르는 세상에 대해 공부를 많이 했다니 묻는 말에 모두 대답을 한다면 트루드와의 결혼을 허락하겠다고 말했다. 알비스는 트루드와 결혼을 허락해준다는 말에 신이 났다. 알비스는 토르에게 무엇이든 물어보라고 졸랐다. 토르는 잠시 뜸을 들인 다음에 물었다.

"우리가 살고 있는 세상을 감싸고 있는 땅을 무엇이라고 부르는가?"

알비스는 너무 쉽다는 듯이 서슴없이 대답했다.

"미드가르드에 사는 인간들은 대지라고 부르고 신들은 들판이나 진흙이라고 부르지요."

토르는 고개를 끄덕였다. 그리고 다시 질문을 던졌다.

"우리 모두가 고개를 들면 볼 수 있는 저 바다의 자식인 하늘은 무엇이라고 하는가?"

알비스는 자신 있게 대답했다.

"사람들은 천국이라고 부르고 서리거인들은 높은 집, 난쟁이들은 물이 떨어지는 저택, 어떤 신들은 바람이 나오는 곳이라고 말하지요."

"그렇다면 밤이면 하늘에 걸리는 저 달에 대해서는 무엇이라고 하는가?"

알비스는 막힘없이 대답했다.

"사람들은 저것을 달이라고 부르지만 신들은 가짜 해라고 부르지요. 또한 서리거인들은 발 빠른 나그네, 난쟁이들은 빛나는 것, 요정들은 시간을 알려주는 존재라고 부르지요."

토르는 감탄했다는 듯이 고개를 끄덕였다.

"자네는 모르는 것이 없군. 그렇다면 하늘에 떠 있는 해는 무엇이라고 부르는가?"

알비스는 토르의 칭찬을 듣고 신이 나서 대답했다.

"인간들은 태양이라고 부르지만 신들은 공이라고 부르지요. 난쟁이들은 드발린의 기쁨이라고 부르지요. 서리거인들은 영원히 빛나는 것, 요정들은 근사한 바퀴라고 부릅니다."

토르는 감탄했다는 듯이 고개를 끄덕이면서도 계속 질문을 했다.

"그렇다면 세상의 모든 것을 알고 있는 알비스여, 구름은 뭐라고 부르는가?"

알비스는 신이 났다.

"사람들은 그것을 구름이라고 부르고 신들은 비가 올 가능성이라고 부르며 서리거인들은 비가 올 희망, 요정들은 날씨의 힘, 저승에서는 비밀을 안고 있는 가면이라고 부릅니다."

"그렇다면 바람은 무엇이라고 부르는가?"

"인간들은 그저 바람이라고 부르지만 신들은 흔드는 존재나 울부짖는 존재라고 부르고 요정들은 포효하는 나그네, 저승에서는 거센 돌풍이라고 부릅니다. 또 무엇이 궁금하신지요?"

토르와 알비스는 밤이 새도록 이런 질문과 대답을 주고받았다. 끝없는 토르의 질문은 해가 떠오를 무렵 끝이 났다.

"나는 자네처럼 오래된 지혜를 잘 알고 있는 사람을 본 적이 없어. 그런데 자네 입이 문제라는 것을 알고 있나? 햇살이 자네의 몸을 휘감고 있다는 것도?"

알비스는 화들짝 놀라며 몸을 숨기려고 했지만 이미 늦었다. 그것을 보고 토르가 말했다.

"자네는 태양에 노출이 되었으니 이제 돌로 변하겠지. 난 들어가서 쉬어야겠어."

신들은 난쟁이들이 밝은 세계에 돌아다니지 못하게 하기 위해 태양에 노출이 되면 돌이 되도록 만들었다. 토르는 그것을 알고 계속 질문을 해서 알비스가 돌이 되게 만든 것이었다.

알비스가 품었던 신의 딸과 결혼하겠다는 대담한 생각은 안타깝게도 돌이 된 몸속에 갇히고 말았다. 그러나 알비스로 해서 바람과 태양과 구름 등을 부르는 여러 이름이 세상에 알려졌다.

# 10

영웅들의 안식처, 발할라

## 북유럽 신화 속 천국

북유럽에서 살았던 고대인들은 죽음을 어떻게 생각했을까? 다른 지역에서는 천국과 낙원, 지옥과 같은 죽음 뒤에 찾아오는 영원한 세계에 대해 생각했다. 한편으로 죽음 뒤에 새로운 삶, 그러니까 윤회라는 것도 생각했다.

이승에서의 삶은 잠깐 지나가는 것이고 저승의 삶은 영원하다고 믿거나 다음의 삶은 앞의 삶을 어떻게 살았는지에 따라 결정된다고 믿었다.

이 생각에서 가장 중요한 것은 죽음 이후의 세상이었다. 천국과 지옥이 되었든 윤회를 통한 다음 삶이든, 그것은 이승에서의 생활과 행위로 결정되기에 천국에 가거나 다음 삶을 잘 살기 위해서는 이번 삶을 잘 살아야 했다.

종교가 죽음의 문제를 지배했고, 많은 인류는 종교가 정한 규칙이나 윤리에 따라 이승의 삶을 살았다. 우리가 알고 있는 대부분의 도덕과 윤리, 심지어 문화의 많은 부분이 여기서 생겼다. 즉 이승의 생활을 지배한 것은 죽음이었다.

우리가 흔히 알고 있는 많은 도덕들, 예를 들면 타자를 돕고 약자를 도와주어야 한다는 것은 종교의 가르침에서 온 것이다. 인류가 그 가르침을 따랐던 이유는 죽은 다음에 좋은 세상으로 가기 위함이었다. 그래서 죽음이 삶을 지배했다고 말한 것이다.

그렇다면 북유럽의 바이킹들은 어떤 도덕과 윤리를 갖고 살았을까? 이들도 마찬가지로 죽은 다음에 좋은 세상에 가고 싶어 했다. 그리스도교가 전해지기 전까지 이들을 지배했던 생각은 북유럽 신화의 가르침에서 나온 것이다.

고대 북유럽에서 죽은 다음에 좋은 세상으로 가기 위해서 가장 중요한 덕목은 '용기'였다. 치열하고 용감하게 싸운 사람만이 죽은 다음에 오딘의 곁으로 갈 수 있었다.

바이킹들이 전투에서 죽음을 두려워하지 않고 싸울 수 있었던 것도 이 때문이었다. 이런 이유로 바이킹들은 북유럽뿐만 아니라 유럽에서 가장 용감한 전사가 될 수 있었다.

바이킹들이 가고 싶어 했던 천국은 발할라라고 부르는 신들이 사는 아스가르드에 있는 궁전이었다. 이 궁전의 지배자는 바이킹들이 깊이 숭배했던 최고신 오딘이었다.

잘 알려진 것처럼 바이킹들은 죽음을 두려워하지 않았다. 용감한 죽음이야말로 바이킹 전사가 누릴 수 있는 최고의 영광이었다.

그것은 죽음을 불사하고 용감하게 싸우다 죽으면 오딘의 곁에 머물 수 있다는 강한 믿음이 있었기 때문이다. 그것이 종교적인 교리이든 사회적인 이데올로기이든 그에 대한 믿음은 개인뿐만 아니라 사회 전체에 엄청난 영향을 미친다.

## 발할라로 인도하는 안내자, 발키리에

북유럽 신화의 천국 발할라에는 무려 500개의 문이 있고, 그 문은 각각 800명이 한꺼번에 행진을 할 수 있을 정도의 크기였다. 그 정도로 발할라는 크고 넓었다. 오딘은 그 넓고 큰 발할라에 용감한 바이킹 전사들을 가득 채우려고 했다. 훗날 찾아올 신들의 황혼(라그나뢰크)을 불러올 전투에 용사들이 필요했기 때문이다.

오딘은 바이킹들이 전투를 벌이면 요정 발키리에를 전쟁터로 보냈다. 발키리에는 오늘날의 드론처럼 하늘을 질주하는 말이나 늑대를 타고 허공에 떠서 누가 용감하게 싸우는지를 살피고 용사가 죽으면 그를 발할라로 데리고 오는 역할을 맡았다.

발키리에는 오딘의 시녀들로 매우 아름다운 여자들이었다. 그러나 한편으로 살해당할 자를 선택하는 존재이기도 했다.

바이킹 용사들은 예쁜 발키리에의 품에 안겨 용사들의 천국인 발할라로 가는 것이 죽음 이후의 세계에서 가장 원하는 일이었다.

용사들이 발할라에서 원한 것은, 달리 표현해 북유럽의 고대인들이 원했던 천국의 일상은, 마음껏 먹고 마시며 하루 종일 치고받고 싸우는 일이었다. 사실 천국이란 자기가 하고 싶은 일을 먹고사는 것에 대한 걱정 없이 하는 곳이 아니던가. 바이킹 용사들이 가장 하고 싶은 일이 바로 그것이었다.

발할라의 용사들은 매일 전투 연습을 하며 서로를 죽이기도 했지만 밤이 지나면 다시 되살아났다. 따라서 아무 걱정 없이 연습 상대를 살해할 수 있었다.

하루 연습이 끝나고 밤이 되면 늘 왁자지껄한 성대한 연회가 벌어졌다. 용사들은 마음껏 먹고 마음껏 마셨다. 이들에게 제공된 주요 음식은 자에림니르라고 부르는 멧돼지였다. 이 멧돼지는 토르의 염소처럼 고기를 먹고 뼈를 쌓아두면 다음날 다시 살아났기 때문에 음식 걱정을 할 필요가 없었다.

이들 용사를 발할라 궁전으로 데리고 오는 역할을 맡고 있는 발키리에 가운데 가장 유명한 것은 브륀힐드다. 브륀힐드는 오딘의 신뢰와 총애를 받던 발키리에였다.

브륀힐드는 바그너의 오페라로 유명해진 '니벨룽겐의 반지'에서 매우 중요한 역할을 맡는다. 그녀는 잘못을 저질러 오딘의 분노를 샀고 결국 영원히 깨어날 수 없는 깊은 잠에 빠지게 된다. 이른바 '잠자는 숲속의 공주'가 되어 자기를 깨워줄 영웅을 기다리는 비운의 여인이 브륀힐드이다. 자세한 것은 뒤에 나올 '니벨룽겐의 반지'에서 살펴볼 것이다.

# II

## 탐욕의 서사시, 니벨룽겐의 반지

## 오딘의 손짓과 로키의 돌팔매질

'니벨룽겐의 반지'는 R. 바그너의 오페라로, 그리고 J. R. R. 톨킨의 소설 《반지의 제왕》의 모티브가 된 이야기로 유명하다. 니벨룽겐의 반지는 영국 튜턴족의 '베오울프'와 북유럽의 '에다'와 더불어 3대 서사시 가운데 하나이다.

독일 지역에서 성장한 니벨룽겐의 반지는 북쪽으로 가서 북유럽 신화를 만나면서 이야기가 변화했다. 니벨룽겐의 반지가 세계적으로 유명해진 것은 R. 바그너가 북유럽 신화를 토대로 해서 16시간에 이르는 대작 오페라를 만든 이후이다. 물론 이전에도 음유시인과 낭송시인의 입을 통해 대중들 사이에서 유명했지만 세계적인 유명세는 아무래도 바그너 이후다.

이 이야기의 핵심은 지나친 욕망, 즉 탐욕이다. 탐욕은 탐욕으로 몰락한다는 것을 알려준다. 이야기의 시작을 알리는 것은 신들이다.

겨울이 끝나갈 무렵이었다. 한동안 눈 속에 갇혀 있었던 신들은 몸이 근질근질했다. 봄기운이 감돌기 시작하자 오딘과 로키, 회니르는 여행을 가기로 했다.

신과 인간은 서로 세계관이 다르고 가치가 다르기 때문에 두 존재가 만나면 그것이 좋은 쪽이든 나쁜 쪽이든 충돌이 일어나고 사건이 일어난다. 신들의 여행이 이야기의 발단이 되는 이유다.

오딘 일행은 무지개다리인 비프로스트를 건너서 인간세상인 미드가르드로 향했다. 한 차례 눈보라가 쏟아지기도 했지만 세상은 다시 평온해졌다. 세 신은 강을 따라 상류로 올라갔다. 오후 무렵에는 거대한 폭포를 만났다. 쏟아져 내리는 물줄기가 가슴을 시원하게 만들어주었다.

그때 오딘이 입에 손을 대 조용히 하라는 신호를 보낸 후 한 곳을 가리켰다. 그곳에는 수달 한 마리가 폭포에서 막 잡은 듯한 연어를 먹으려고 하고 있었다. 그것을 본 로키는 소리가 나지 않게 조심하면서 발밑에서 돌을 하나 주워 올렸다. 로키가 던진 돌멩이는 수달의 머리에 명중했다.

로키는 연어와 수달을 집어왔다. 오딘과 회니르도 맛있는 식사를 기대하며 기쁜 표정을 지었다. 일행은 연어와 수달을 들고 계곡을 지나 강 상류로 올라갔다. 해가 뉘엿뉘엿 넘어갈 무렵 오딘 일행은 농가를 한 채 발견했다. 신들은 맛있는 저녁식사와 따뜻한 잠자리를 기대하며 그 농가의 문을 두들겼다.

농가의 주인은 흐레이드마르라는 농부였다. 신들은 하룻밤 묵게 해달라고 부탁하고 잠자리를 제공해주면 먹을 것을 나눠 주겠다고 제안했다. 흐레이드마르는 집안으로 오딘 일행을 들어오게 했다.

로키는 농부에게 수달과 연어를 내놓으며 자기들이 그것을 어떻게 잡았는지 뻐기듯이 설명했다. 그 순간 농부의 얼굴이 뻣뻣해졌고 몸을 돌려 바깥으로 나갔다. 신들은 무슨 영문인지 몰라서 어리둥절한 표정으로 서로의 얼굴을 마주했다.

한편 밖으로 나간 농부는 아들인 파프니르와 레긴을 불렀다. 그는 침통한 표정으로 수달로 변신해 있던 큰 형인 오트르의 죽음을 알렸다.

농부와 그의 아들들은 복수를 위해 마법을 써서 오딘의 창을 빼앗고 주문으로 신들을 묶는데 성공했다. 오딘 일행은 별다른 저항도 하지 못하고 사로잡히고 말았다. 신들은 여전히 어리둥절한 표정이었다.


## 수달의 몸값

흐레이드마르는 신들이 잡아온 수달이 자기 아들임을 밝혔다. 흐레이드마르의 아들 오트르는 평소에 수달로 변신해 연어를 잡는 어부였다. 그제야 신들은 앞뒤 상황이 이해가 되었다. 농부와 그의 아들들은 날선 표정으로 신들을 죽여서 원수를 갚겠다고 말했다.

오딘이 재빨리 배상금을 지불해주겠다고 제안했다. 원하는 만큼의 배상을 해주겠다고 약속했다. 흐레이드마르는 잠시 생각한 끝에 오딘의 제안을 받아들였다.

여기서 한 가지, 살인에 대해 얼마나 배상을 해야 할까? 사실 살인에 대한 배상은 '피의 배상'이라고 부르는 또 다른 목숨으로 갚는 것이 가장 공정하다. 그러나 매번 그렇게 배상을 했다가는 살아남을 사람이 없게 된다. 그래서 경제적 배상을 하게 되는데 고대 사회에서는 일반적으로 소 40마리가 적정한 수준이었다.

그렇다면 흐레이드마르는 신들에게 배상을 얼마나 요구했을까? 그는 딸들에게 수달의 가죽을 벗겨오라고 시켰다. 두 딸이 가죽을 벗겨오자 그것을 신들 앞에 던지면서 그 가죽을 황금으로 채우라고 요구했다.

오딘은 발 앞에 던져진 수달의 가죽을 보면서 흐레이드마르의 탐욕에 혀를 내둘렀다. 오딘은 로키에게 귓속말로 뭔가를 속삭였다. 그 말을 듣고 로키는 두 명을 인질로 잡고 자기를 풀어주면 수달을 가득 채울 황금을 갖고 오겠다고 약속했다.

로키는 급할 것이 없었다. 자기가 황금을 갖고 올 때까지 오딘과 회니르가 묶여 있을 생각에 절로 미소가 퍼졌다. 로키는 먼저 바다에 있는 아에기르의 궁전으로 가서 그물을 빌렸다. 그런 다음 난쟁이들이 살고 있는 지하로 향했다. 축축하고 어두운 지하 동굴을 따라 내려간 로키는 물이 가득 고여 있는 물웅덩이를 발견했다.

로키는 기분이 좋다는 듯이 눈을 가늘게 뜨고 그물을 물웅덩이에 던졌다. 촘촘한 그물이 텀벙 소리를 내고 물 위로 떨어졌고 얼마 후 로키는 그물을 천천히 끌어당겼다. 그물 안에는 커다란 물고기 한 마리가 퍼덕이고 있었다.

로키는 단단한 이빨을 피해서 물고기를 꽉 잡았다. 그리고 주문을 외듯 물고기를 향해 원래 모습으로 돌아오라고 말했다. 물고기는 버둥거리다가 작은 난쟁이로 변했다. 로키는 난쟁이 안드바리의 뒷목을 잡아서 그물에서 빼냈다.

로키는 안드바리에게 갖고 있는 모든 황금을 내놓으라고 으르렁거렸다. 안드바리는 로키의 손아귀에서 벗어나려고 애를 써 보았지만 헛수고였다. 안드바리는 어쩔 수 없다는 듯이 자기의 대장간으로 로키를 데리고 갔다. 그리고 혼자 욕설을 내뱉으면서 그곳에 있는 모든 금붙이들을 한자리에 모았다.

## 반지의 저주

두 개의 자루에 금이 가득했다. 로키는 만족스럽다는 듯이 그 황금을 갖고 떠나려고 하다가 안드바리의 손가락에 있는 금반지를 발견했다. 안드바리는 재빨리 손을 뒤쪽으로 숨겼지만 로키는 음흉하게 웃으며 내놓으라고 손짓했다.

안드바리는 그 반지가 있어야 새로운 금을 만들 수 있다며 절대로 줄 수 없다고 버텼다. 로키는 아랑곳하지 않고 안드바리를 붙잡아서 강제로 손가락에 있는 황금으로 만든 반지를 꺼내서 자기 손가락에 끼웠다. 매우 섬세하게 세공된 아름다운 반지였다. 로키는 킬킬대면서 두 자루의 금을 어깨에 메고 대장간을 나왔다.

로키의 등 뒤에서 안드바리의 발악과 같은 외침이 들려왔다.

"그 반지와 금에 내 저주를! 그것을 갖는 자에게 저주를!"

로키가 뒤를 돌아보며 말했다.

"그래, 마구 저주를 퍼부으라고. 이 금과 반지를 가진 자에게 너의 저주를 반복하면 그 자에게 저주가 나타나겠지?"

로키는 너털웃음을 터뜨리고 지하 동굴을 떠났다. 로키는 농가로 가서 오딘에게 반지를 건네준 다음에 흐레이드마르에게 금이 가득 든 자루 두 개를 건넸다. 황금을 본 흐레이드마르는 오딘과 회니르를 풀어주었다.

흐레이드마르는 로키에게 금을 바닥에 쏟으라고 말했다. 로키가 자루에 담긴 금을 쏟자 흐레이드마르는 수달의 가죽 속으로 금을 채우기 시작했다. 수달 가죽 안으로 차곡차곡 금이 쌓였다. 금이 가득 들어간 수달의 가죽은 당장이라도 찢어질 정도로 탱탱해졌다.

흐레이드마르는 만족스러운 표정으로 여기저기를 살피다가

빈 곳을 찾아냈다. 흐레이드마르의 손짓에 할 수 없다는 듯이 오딘이 로키가 건네준 난쟁이의 반지를 그곳에 채워 넣었다. 이제 수달 가죽은 황금으로 꽉 찼다.

로키는 흐레이드마르의 집을 떠나기 전에 사악한 표정으로 웃으며 경고를 날렸다.

"그 반지와 금은 모두 난쟁이 안드바리의 것이오. 안드바리의 말에 따르면 그 반지와 금을 가진 자에게는 저주가 따른다고 했소. 그 반지와 금에 내 저주를! 그것을 갖는 자에게 저주를!"

오딘 일행은 금과 함께 저주를 남기고 흐레이드마르의 집을 떠났다. 신들이 떠난 농가에는 긴장감이 수달의 몸처럼 팽팽해졌다. 황금을 차지하기 위해 흐레이드마르와 두 아들인 파프니르, 레긴의 삼파전이 전개되었다.

첫 번째 다툼에서 패배한 것은 흐레이드마르였다. 두 아들이 손을 잡고 아버지를 살해했기 때문이다. 그 다음에 패배한 것은 레긴이었다. 패배한 레긴은 집에서 쫓겨나 덴마크로 가서 왕실 대장장이가 되었다. 황금을 차지한 파프니르는 보물을 지키기 위해 스스로 용이 되었다.

안드바리의 저주는 현실이 되었다. 황금은 활용하고 쓰기 위한 물건일 뿐이지만 그로 인해 근친살해가 일어났다. 더 무서운 것은 저주가 끝나지 않았다는 점이다. 용이 된 파프니르와 그의 동생 레긴이 살아 있었다. 레긴이 금속을 다루는 대장장이가 되었다는 것은 그가 황금에 대한 욕망을 버리지 않았음을 의미한다.

## 뵐숭 집안의 비극

흐레이드마르 집안이 서로 싸우고 있는 동안 오딘의 혈통을 이어받은 명문인 뵐숭 집안에서는 흥겹고 호사스러운 연회가 벌어지고 있었다. 뵐숭 왕은 오딘의 시녀인 발키리에와 결혼해 10명의 아들과 1명의 딸을 낳았다.

그 외동딸인 시그니가 고트족의 왕자 시게이르와 결혼을 앞두고 있었다. 시그니는 오만한 시게이르가 마음에 들지 않았지만 아버지의 결정에 따를 수밖에 없었다. 연회장에서 뵐숭 왕과 시게이르, 10명의 왕자들이 즐겁게 술을 마시며 환담을 하고 있었다.

그때 어디선가 노인 하나가 나타났다. 모자를 쓰고 있었지만 애꾸눈임을 알 수 있었다. 노인은 연회에 모인 사람들을 한번 둘러보고 손에 들고 있던 칼을 뜰에 있는 참나무에 깊이 박았다.

"이 칼은 나의 선물이다. 이 칼은 뽑는 자가 주인이다."

애꾸눈 노인은 이 말을 남기고 홀연히 사라졌다. 뵐숭 집안의 사람들은 애꾸눈의 노인이 자기들의 조상인 오딘이라는 것을 알았다.

그 자리에 있던 사람들은 모두 나서서 그 칼을 뽑으려고 했다. 사위가 된 시게이르도 그 칼을 뽑으려고 했지만 실패했다. 마지막으로 나선 것은 뷜숭 집안의 장남인 시그문드였다.

그는 하늘을 향해 오딘의 이름을 크게 부른 다음 경건한 마음으로 칼자루를 쥐고 힘을 주었다. 그러자 벼락이 치는 듯한 소리가 들리면서 칼이 참나무에서 빠져나왔다. 그 칼의 이름은 그람이었다. 시그문드는 그람을 하늘을 향해 높이 쳐들었고 뷜숭 집안의 사람들은 환호성을 올리며 기뻐했다.

그 모습을 보고 시게이르는 질투심에 사로잡혔다. 어떻게 해서든지 그 칼을 가지고 싶었다. 다음날 시게이르는 시그문드에게 자기의 결혼 선물로 그 칼을 줄 수 없겠냐고 물었다. 시그문드는 그 칼은 오딘의 선물이며 칼 스스로 주인을 선택한 것이기에 줄 수 없다고 거절했다.

거절당한 시게이르는 겉으로 웃으며 고개를 끄덕였지만 칼에 대한 욕망과 시그문드에 대한 질투는 점점 커졌다. 며칠 후 시게이르는 뷜숭 왕의 외동딸인 시그니를 데리고 자기 나라로 돌아갔다. 시그니는 욕망과 질투로 일그러진 시게이르의 얼굴을 보며 까닭 모를 불안함을 느꼈다.

시게이르는 고향인 고트족의 땅으로 돌아갔지만 칼에 대한 욕망은 줄지 않았고 오히려 커졌다. 그는 궁리 끝에 뵐숭 왕과 왕비, 왕자들을 자기 나라로 초대했다. 아무것도 모르는 뵐숭 왕가의 사람들은 기쁜 마음으로 초대에 응했다.

뵐숭 왕 일행은 당시의 관습대로 고트족의 궁전에서 가까운 곳에 있는 항구에 배를 정박하고 하룻밤을 보내고 있었다. 그때 시집을 간 시그니가 나타나 시게이르가 음모를 꾸미고 있다며 집으로 돌아가라고 애원했다. 뵐숭 왕은 그럴 수 없다고 거절했다.

우려는 현실이 되었다. 다음날 고트족들이 뵐숭 왕가를 공격했다. 뵐숭 왕은 용감하게 맞서 싸웠지만 중과부적이었다. 왕과 왕비가 전사하고 열 명의 왕자들은 포로가 되었다. 시게이르는 그토록 원하던 그람을 손에 넣고 기뻐했다.

시게이르는 뵐숭 집안의 왕자들을 참나무에 하나씩 묶으라고 명령했다. 그날 밤 열 명의 뵐숭 집안 왕자들이 묶여 있는 숲 속에 늑대 한 마리가 달빛을 받으며 나타났다. 참나무에 묶여 있던 왕자들은 늑대를 피할 수가 없었다.

전하는 말에 따르면 그 늑대는 시게이르의 부탁을 받은 그의 어머니가 변신한 모습이라고 했다. 늑대는 매일 밤마다 숲에 나타나 왕자 하나씩을 잡아먹었다. 그렇게 9일이 지나자 9명의 왕자들이 늑대의 밥이 되었고 남은 것은 장남인 시그문드뿐이었다.

시그문드는 매일 밤마다 형제들이 늑대에게 잡아먹히는 장면을 비통한 심정으로 지켜보았다. 시그문드의 가슴에는 분노와 증오가 가득했다. 시그문드의 눈에서는 피눈물이 흘러내렸다.

## 복수의 칼날

시그문드는 열흘째가 되었을 때 그동안 그의 머리를 붙잡고 있던 오딘에 대한 의문이 사라졌다. 시그문드는 그람을 참나무에 박아 뵐숭 집안을 파멸로 이끈 오딘에게 어떤 의도가 있을 것이라고 생각했다. 그러자 마음이 편안해졌다. 체념 속에서 밤이 찾아오기를 기다렸다.

한편 시그니는 가족을 모두 잃을 수는 없다고 생각했다. 시그니는 오딘이 준 명검 그람을 훔쳐서 시그문드가 묶여 있는 숲으로 향했다. 시그니가 밧줄을 자르고 시그문드에게 그람을 건넸을 때 보름달을 받으며 늑대가 나타났다. 시그문드는 칼을 숨기고 있다가 늑대가 달려드는 순간 칼을 휘둘러 늑대를 살해했다. 그 이후 시그문드는 숲에서 지내면서 시게이르에게 복수를 할 기회를 노렸다.

얼마 후 시그니는 시게이르의 아이를 임신했다. 시그니는 억울하고 질망적이었지만 복수를 꿈꾸는 시그문드를 생각하며 쓰러지지 않고 굳게 버텼다. 시그니는 시게이르의 아기가 태어나자 몰래 그 사내아이를 숲으로 데리고 가서 시그문드에게 건넸다. 아이를 키워서 복수의 칼로 사용하라는 의도였다. 시그문드는 시그니의 의도를 이해하고 원수의 자식을 키우기로 마음 먹었다. 그러나 아이는 숲속의 가혹한 환경을 견디어내지 못하고 죽고 말았다.

시그니는 시게이르의 아이가 죽었다는 말을 듣고 상심에 빠졌다. 그녀의 마음속에는 여전히 복수의 불꽃이 타오르고 있었다. 뵐숭 집안에 남아 있는 것은 시그문드와 시그니 둘뿐이었다. 시그니는 오랜 고민 끝에 숲으로 향했다.

숲으로 들어가기 전에 다른 여자의 모습으로 변장을 했다. 변장한 시그니는 숲속으로 들어가 짐승처럼 비참하게 살고 있는 시그문드를 찾아갔다. 그리고 요염하게 교태를 부리면서 유혹했다. 한동안 여자 구경을 하지 못했던 시그문드는 시그니의 유혹에 쉽게 빠졌고 며칠 동안 두 사람은 함께 지내며 서로의 몸을 탐했다.

시그니는 집안의 복수를 하겠다는 일념으로 근친상간이라는 금기를 범하고 말았다. 그것은 시그니가 선택할 수 있는 최후의 수단이었다. 그리고 그것은 성공했다. 열 달 후에 시그니는 뵐숭 집안의 혈통을 이어받은 건장한 사내아이를 낳았다.

시그니는 그 아이에게 신표틀리라는 이름을 붙여주었다. 그리고 그 아이를 숲속에 숨어 사는 시그문드에게 데리고 갔다. 신표틀리는 뷜숭 집안의 후예답게 숲속의 가혹한 환경을 이겨내고 무럭무럭 성장했다.

신표틀리가 건장하게 자라나자 시그문드는 마침내 복수의 때가 왔음을 깨달았다. 한동안 시그문드 부자는 시그니와 함께 복수의 방법에 대해 논의하며 시간을 보냈다. 그리고 어느 날 시그문드 부자는 시그니가 열어놓은 문으로 몰래 들어가 고트족 왕궁에 불을 질렀다.

미리 준비해둔 건초 때문에 불은 삽시간에 왕궁 전체로 번졌고 방심하고 있던 시게이르를 비롯한 고트족 왕가의 사람들은 모두 불에 타 죽고 말았다. 시게이르는 그람이라는 칼에 대한 욕망 때문에 처가 식구들을 살해했고 그 때문에 결국 자기의 가족들마저 죽음으로 몰아넣고 말았다. 헛된 욕망과 탐욕의 끝은 비참한 죽음이다.

욕망은 의지를 발현시킨다는 면에서 의미가 있지만 과분한 욕망은 의지가 아닌 탐욕을 불러일으키고 그 탐욕은 참혹한 대가를 요구한다. 그것이 오딘이 인간 세상에 그람이라는 칼을 통해 던진 경고였다. 그 탐욕의 불길은 흐레이드마르로부터 시작되어 뷜숭 집안과 고트족의 왕가까지 덮쳤다. 그러나 탐욕의 불길은 꺼지지 않았다.

## 황금에 대한 끝없는 갈망

뷜숭 집안을 덮친 비극은 피비린내 나는 복수로 끝이 났다. 그러나 손에 피를 묻히는 복수에 아름다운 결말이 있을 리 없다.

집안의 복수를 마친 시그문드와 시그니, 신표틀리는 계속 고트족의 땅에 머물 이유가 없었다. 고국으로 돌아가기 전, 시그니가 근친상간에 대해 털어놓았다. 시그문드와 신표틀리는 큰 충격을 받았다.

복수를 위해 어쩔 수 없었다고 시그니는 눈물을 흘리며 말했다. 시그니는 말을 마친 후에 스스로 불 속으로 뛰어들어 삶을 마감했다. 복수는 거센 불길과 같아서 이렇듯 끝없이 제물을 요구하는 법이다.

고국으로 돌아간 것은 두 남자뿐이었다. 시그문드는 왕국을 어지럽히던 외적들을 몰아내고 아버지의 뒤를 이어 왕이 되었다. 왕에게는 왕비가 필요했다. 하지만 새로운 왕비는 신표틀리를 좋아하지 않았고 시그문드 몰래 신표틀리를 살해했다. 그 사실을 알게 된 시그문드는 왕비를 외국으로 추방하고 새로운 왕비를 맞이했다.

이제 뷜숭 집안의 피를 이어받은 것은 시그문드 하나뿐이었다. 시그문드의 삶은 참혹했다. 부모와 형제가 눈앞에서 처참하게 살해되었고 오랫동안 짐승처럼 숲속에서 비참하게 지내야 했다. 또한 집안의 복수를 위해 여동생 시그니와 근친상간까지 범해야 했다.

시그문드의 삶은 마지막까지 평탄하지 않았다. 시그문드는 훈딩족과의 싸움에서 전사했고 오딘의 칼 그람마저 그의 운명처럼 부러지고 말았다.

시그문드가 죽자 그의 왕비였던 효르디스는 뱃속에 아이를 임신한 채 덴마크의 왕자 알프와 재혼을 했다. 얼마 후 사내아이가 태어났고 그 아이의 이름은 시구르드로 뷜숭 집안의 피를 이은 아이였다.

아이가 태어나자 덴마크의 왕은 뷜숭 집안의 아이를 당시 왕실에서 머무르고 있던 레긴에게 맡겨 키우게 했다. 레긴은 오딘 일행에게 아들의 죽음에 대한 보상을 요구했던 흐레이드마르의 아들 가운데 하나였다.

레긴은 형 파프니르와 합심해서 아버지를 죽였지만 형에게 쫓겨나 덴마크 왕실에서 대장장이를 하며 황금을 차지할 기회를 엿보고 있었다. 그런데 그의 손에 시구르드가 들어왔다. 시구르드는 오딘의 후손인 뷜숭 왕의 혈통을 이어받은 손자였다. 레긴은 기회가 왔다고 판단했다.

들리는 말에 따르면 레긴의 형인 파프니르는 스스로 용이 되어 황금을 지키고 있다고 했다. 레긴은 용과 싸워 황금을 빼앗을 능력이 없었다. 그는 오딘의 혈통을 이어받은 시구르드를 이용할 참이었다. 반지에 내려진 저주는 아직 끝나지 않았던 것이다.

레긴은 시구르드에게 칼을 만드는 것부터 칼을 쓰는 것까지 정성스럽게 가르쳤다. 시구르드는 오딘의 칼이며 아버지 시그문드의 칼이었던 부러진 그람을 원상태로 복원했다.

시구르드는 레긴의 세심한 보살핌을 받으며 늠름한 젊은이로 자랐다. 때가 되었다고 생각한 레긴은 양아들인 시구르드에게 용으로 변신한 파프니르를 죽이고 보물을 찾아오라고 일렀다. 그러나 시구르드는 뵐숭족의 후예답게 보물을 손에 넣는 것보다 아버지의 원수를 갚는 것이 우선이라고 주장했다.

시구르드는 덴마크 왕실로부터 군대를 빌려 훈딩족과 싸우기 위해 출발했다. 그런데 항해를 하는 도중에 폭풍이 몰려왔고 시구르드 일행은 난파될 위기에 처했다. 그때 시구르드를 도와준 것은 애꾸눈 노인이었다. 노인은 그를 구해주었을 뿐만 아니라 훈딩족의 나라로 가는 길을 알려주었다. 그 노인은 뵐숭 집안의 조상인 오딘이었다.

시구르드는 용감하게 싸워서 아버지를 죽인 훈딩족을 몰살시켰다. 훈딩족을 무찌른 시구르드는 용감한 남자로 세상에 널리 알려졌다.

시구르드가 무사히 훈딩족을 무찌르고 돌아오자 레긴은 이제 보물을 지키고 있는 용을 죽이러 가자고 졸랐다. 사실 시구르드는 보물보다 용과 싸우는 것이 더 흥미로웠다.

시구르드는 레긴과 함께 파프니르가 살고 있는 동굴로 갔다. 황량한 땅을 지나서 파프니르의 동굴에 이르자 레긴은 바깥에 남아 동정을 살피고 시구르드는 조심스럽게 안으로 들어갔다. 그런데 동굴 속에는 파프니르가 없었다. 동굴에 보물이 있었지만 시구르드는 관심을 두지 않았다.

시구르드는 동굴 한 가운데에 구덩이를 파고 그곳에 숨어서 파프니르가 돌아오기를 기다렸다. 얼마 후 용으로 변신한 파프니르가 돌아왔고 시구르드가 숨어 있는 바로 위에 똬리를 틀고 앉았다. 시구르드는 땅속에서 나와 용의 심장을 향해 정확하게 찔렀다. 용은 고통을 이기지 못하고 비명을 지르며 바닥을 뒹굴었다.

용은 죽었고 파프니르는 죽음을 통해 반지의 저주에서 벗어났다. 시구르드는 용의 심장을 꺼내 불에 구웠다. 다 익은 심장을 꺼내다가 심장에서 흘러나온 뜨거운 피가 손가락에 닿았고 그 열기를 식히기 위해 손가락을 입으로 가져갔다. 그 순간 그는 놀라운 능력을 얻었다.

시구르드는 새들이 하는 말을 알아들을 수 있게 되었다. 용은 보물이나 지혜를 지키는 수호자를 상징한다. 영웅은 그 용을 죽이고 그 보물과 지혜를 얻어야 진정한 영웅이 된다. 신화에서 용을 살해하는 장면이 유난히 많은 것도 이 때문이다.

시구르드는 새들이 주고받는 흐레이드마르 집안에 얽힌 이야기를 듣고 앞뒤 사정을 이해했다. 레긴의 오랜 탐욕에 대해서도 알게 되었다. 시구르드는 분노하며 밖으로 나와 그를 기다리고 있던 레긴을 살해했다. 그 순간 레긴 또한 끝없는 황금에 대한 갈망에서 벗어났다. 그러나 저주의 효력마저 사라진 것은 아니었다.

### 잠자는 숲속의 미녀

레긴을 죽인 시구르드의 귀에 새들의 이야기가 들려왔다. 보물을 차지한 자가 미녀도 차지할 것이라는 내용이었다. 미녀는 산꼭대기에 불로 만들어진 담장 안에서 자고 있다고 했다. 보물에 관심이 없었던 시구르드였지만 미녀에게는 관심이 있었다. 그는 단숨에 산꼭대기로 올라갔다.

산꼭대기에는 과연 거대한 불꽃이 일렁대는 곳이 있었다. 그 속에는 오딘의 분노를 산 발키리에인 브륀힐드가 잠들어 있었다. 보통 사람이라면 불꽃 가까이 다가갈 수조차 없지만 용의 심장을 먹은 사람은 그 불길을 이겨낼 수 있었다.

불의 담장을 넘어간 시구르드는 완전무장을 한 채로 남자의 투구를 쓰고 있는 사람을 보았다. 투구를 벗겨내자 아름다운 미녀의 얼굴이 드러났다. 시구르드는 눈을 뗄 수가 없었다. 갑옷을 벗기려고 했지만 벗겨지지 않자 칼로 갑옷을 잘라냈다. 얼굴만큼이나 아름다운 몸매가 드러났다.

그 순간 브륀힐드가 눈을 떴다. 브륀힐드는 자기를 깨운 사람의 내력을 물었고 시구르드는 자기소개를 했다. 브륀힐드 또한 자기가 긴 잠에 빠지게 된 사연을 털어놓았고 마법의 힘을 가지고 있는 룬 문자를 알려주었다.

시구르드는 그 자리에게 브륀힐드에게 청혼했고 그녀 또한 그 자리에서 받아들였다. 두 사람은 변하지 않을 영원한 사랑을 맹세했다.

며칠 후 시구르드는 곧 돌아오겠다는 약속을 남기고 브륀힐드의 곁을 떠났다. 시구르드는 다른 용사들이 그러한 것처럼 세상을 떠돌아다녔다. 시구르드는 어딜 가도 환영을 받았다. 훈딩족을 몰살시키고 아버지의 복수를 한 용사로서 이름이 높았기 때문이었다.

어느 날 그의 발길이 기우쿠족의 나라로 이어졌다. 그곳에서 시구르드는 기우쿠족의 왕자인 군나르와 회그니 형제와 의

형제를 맺을 정도로 가까워졌다. 그들에게는 남매이며 기우쿠족의 공주인 구드룬이 있었고 때마침 결혼할 나이가 되었다.

기우쿠족의 왕은 용감하고 명성이 높은 시구르드를 사위로 삼으려고 했지만 브륀힐드가 가슴을 차지하고 있는 시구르드는 그 제안을 거절했다. 남자들은 시구르드를 이해하고 포기했지만 여자들은 포기하지 않았다. 먼저 움직인 것은 구드룬의 어머니인 왕비였다. 기우쿠족의 왕비는 마법의 힘이 들어간 술잔을 시구르드에게 건네서 그의 기억을 잃게 만들었다. 얼마 후 과거를 모두 잃은 시구르드는 구드룬과 결혼을 했다. 영원한 사랑의 맹세는 사라지고 말았다.

## 일그러진 맹세

하루는 함께 술을 마시던 군나르가 시구르드에게 한 가지 부탁을 해왔다. 그 부탁은 산꼭대기에 사는 미녀가 있는데 그 미녀와 결혼을 할 수 있게 도와달라는 것이었다. 시구르드는 브륀힐드라는 이름을 듣고 뭔가 기억이 떠오를 듯도 했지만 끝내 생각해내지 못하고 군나르의 부탁을 들어주겠다고 약속했다.

다음날 시구르드와 군나르는 함께 나란히 말을 몰아 브륀힐드가 있는 곳으로 향했다. 군나르는 말에 박차를 가해 불의 벽을 뛰어넘으려고 했지만 실패했다. 그것을 본 시구르드가 자기가 해보겠다고 나섰다.

문제는 그 불의 벽을 넘은 사람이 미녀를 얻게 된다는 규칙이었다. 그래서 군나르는 자기의 갑옷과 어머니 그림힐드가 준 약을 시구르드에게 건넸다. 군나르의 갑옷을 입고 약을 마신 시구르드는 군나르로 변했다. 군나르로 변한 시구르드는 무서운 기세로 말을 몰아서 불의 벽을 뚫고 안으로 들어갔다.

브륀힐드는 낯선 남자가 불꽃 담장을 뚫고 들어오자 당황스러웠다. 브륀힐드는 저항했지만 군나르로 변신한 시구르드가 완력으로 브륀힐드를 말에 태웠다. 브륀힐드는 이해를 할 수가 없었다. 불의 벽을 뚫고 들어올 수 있는 것은 용의 심장을 먹은 시구르드뿐이었다. 브륀힐드가 혼란에 빠져 있는 사이 그들은 이미 왕궁에 도착했다.

시구르드는 원래의 모습으로 돌아갔다. 브륀힐드는 오딘이 정한 규칙에 따라 불꽃의 담장을 넘어온 군나르와 결혼을 해야 했다. 브륀힐드는 알 수 없는 운명에 절망했지만 그 운명에 따를 수밖에 없었다.

그런데 피로연에서 브륀힐드는 시구르드를 발견했다. 시구르드는 구드룬의 남편이라는 자격으로 하객들을 접대하고 있었다. 브륀힐드는 영원한 맹세가 바닷물에 휩쓸린 모래성처럼 허물어지는 것을 느끼며 절망을 느꼈다.

브륀힐드는 이상한 점을 하나 발견했다. 시구르드가 자기를 알아보지 못했다. 시구르드의 표정은 낯선 여자를 대하는 그것이었다. 그리고 너무나도 자연스러웠다. 브륀힐드는 속으로 사랑의 맹세를 잊었냐고 외쳤지만 입 밖으로 내지는 못했다.

브륀힐드는 뭐가 뭔지 알 수가 없었다. 뜨거운 눈길로 사랑의 맹세를 하던 남자와 낯선 사람을 보듯 평온한 눈길을 보내는 남자가 같은 사람이라고 믿기 힘들었다. 혼란과 좌절에 시달리던 브륀힐드는 첫날 밤 침대로 찾아온 군나르를 밖으로 내쫓았다.

군나르는 힘으로 브륀힐드를 제압하려고 했지만 워낙 브륀힐드의 저항이 강했다. 하릴없이 밖으로 나온 군나르는 시구르드를 찾아갔다. 군나르는 브륀힐드의 저항에 대해 고민을 털어놓고 브륀힐드를 길들여달라고 부탁했다.

군나르의 부탁을 받아들인 시구르드는 군나르로 변장을 하고 신방으로 들어갔다. 브륀힐드는 다시 저항했지만 이번에는 군나르의 힘을 당해낼 수가 없었다. 브륀힐드는 숨을 할딱이며 침대에 누웠다.

군나르 또한 갑옷을 벗고 침대로 들어왔다. 브륀힐드는 체념을 했고 눈을 감았다. 그런데 갑자기 군나르가 칼을 뽑아들었다. 브륀힐드는 깜짝 놀라 자리에서 일어났다. 군나르는 브륀힐드를 다시 침대에 눕히고 자기와 그녀 사이에 칼을 내려놓았다.

그리고 군나르는 곧바로 잠에 들었는지 코를 골았다. 브륀힐드
는 시구르드가 군나르로 변장했다는 것을 몰랐기에 군나르의 행
동을 이해할 수가 없었다. 다음날 밤에도 같은 일이 반복되었다.

셋째 날 밤, 그날도 군나르로 변신한 시구르드가 브륀힐드의
신방을 찾았다. 시구르드는 침대에 눕자 브륀힐드의 손을 잡아
당겼다. 브륀힐드는 움츠렸지만 손을 빼지는 않았다. 시구르드
는 브륀힐드의 손가락에 끼워져 있는 반지를 빼고 자기 손에 끼
워져 있던 반지를 빼서 브륀힐드의 손에 끼워주었다.

그 반지는 흐레이드마르의 집안을 파멸로 이끈 저주가 깃들
어 있는 난쟁이 안드바리의 반지였다. 이제 안드바리의 저주가
담긴 반지는 새로운 희생자를 찾아서 다시 눈을 떴다.


## 살해되는 자, 스스로 목숨을 끊는 자

다음날 브륀힐드는 시누이이자 시구르드의 아내인 구드룬과
함께 강가로 목욕을 하러 갔다. 브륀힐드와 구드룬 사이에는 보
이지 않는 긴장감이 팽팽했다. 구드룬은 사흘 밤 동안 남편을
빼앗긴 것에 화가 나 있었다.

브륀힐드 또한 영원한 사랑을 맹세했던 시구르드의 아내인
구드룬에게 질투와 분노가 뒤엉켜 있었다. 물속에 먼저 들어간
것은 구드룬이었다. 그러자 브륀힐드는 강물 위쪽으로 올라가

물속으로 들어갔다.

구드룬이 브륀힐드에게 왜 상류로 가느냐고, 가서 물을 더럽히지 말라고 화를 냈다. 그러자 브륀힐드는 자기는 왕자의 아내이지만 구드룬은 그 왕자를 모시는 시종의 아내이니 신분이 다르다고 대꾸했다. 이 말에 화가 난 구드룬은 그동안 있었던 일을 모두 까발리고 말았다. 그 증거로 브륀힐드가 끼고 있던 반지를 꺼내 보여주었다.

브륀힐드는 시구르드가 마법의 힘이 담긴 술을 마시고 기억을 잃었다는 사실을 제외하고 모든 사실을 알았다. 그녀는 시구르드가 자기를 농락했다고 판단했다. 모멸감과 치욕을 견딜수가 없었다.

브륀힐드는 군나르를 찾아가 자기 부탁을 들어주지 않으면 떠나겠다고 선언했다. 군나르는 무슨 일이든 들어주겠다고 맹세했다. 그 부탁은 시구르드를 죽이라는 것이었다. 군나르는 고민에 빠졌다. 형제와 같은 시구르드와 아름다운 아내 브륀힐드 가운데 하나를 선택해야 했다.

군나르의 선택은 브륀힐드였다. 우정보다 애정을 선택했다. 다만 군나르와 회그니는 의형제를 맺었기 때문에 시구르드를 죽일 수 없었다. 군나르는 다른 형제인 구트호름에게 보물을 주겠다고 약속하고 그를 시구르드 살해에 끌어들였다.

구트호름은 예리한 칼을 들고 시구르드의 방으로 몰래 들어 갔다. 시구르드와 구드룬은 벌거벗은 채로 깊은 잠에 빠져 있었 다. 구트호름의 칼이 달빛을 받아 차갑게 빛났다. 그 빛이 반원 을 그리며 아래로 향했고 그 순간 인기척을 느낀 시구드르가 잠 에서 깨어나 오딘의 칼 그람을 그림자를 향해 던졌다.

그러나 구트호름의 칼이 이미 시구르드의 몸을 벤 상태였다. 한편 시구르드의 칼을 맞은 구트호름도 그 자리에 쓰러져 죽었 다. 순식간에 일어난 일이었다. 구드룬이 이상한 기척을 느끼고 잠에서 깼을 때 방에는 시구르드와 구트호름의 시체가 피를 흘 리며 널브러져 있었다. 침대에는 시구르드의 몸에서 흘러나온 끈적끈적한 피가 흥건했다. 피를 본 구드룬은 날카로운 비명을 질러댔다. 온 집안은 아수라장으로 변했다.

군나르는 비명소리를 들으며 그동안 억눌려 있던 마음을 해 소하듯 너털웃음을 터뜨렸다. 시구르드를 좋아하기도 했지만 그에 대한 열등감이 마음 깊은 곳에 자리를 잡고 있었던 것이 다. 이제 그 열등감의 대상이었던 시구르드가 죽고 아름다운 미 녀 브륀힐드와 함께할 수 있을 터였다. 게다가 시구르드의 많은 보물도 차지할 수 있었다. 처음에는 엄두가 나지 않고 두렵기 도 했지만 막상 시구르드의 죽음을 대하자 마음이 후련해졌다.

군나르는 기쁜 마음으로 브륀힐드를 만나 시구르드의 죽음을 알리며 손을 내밀었다. 그러나 브륀힐드는 매몰차게 그 손을 뿌리치며 말했다.

"어리석은 놈. 시구르드는 나를 범한 적이 없었어. 너와의 의리를 끝까지 지켰지. 거짓과 속임수를 쓴 것은 군나르 너야. 내가 너를 속인 것은 너의 속임수에 대한 벌이야."

그 말과 함께 브륀힐드는 칼로 자기의 가슴을 찔렀다. 영원한 사랑을 맹세했던 시구르드와 브륀힐드는 같은 날 세상을 떠났다. 그러나 안드바리가 저주를 불어넣은 반지는 남았다. 사건의 전말을 알게 된 기우쿠 왕궁의 사람들은 경악했다. 그리고 끝나지 않은 반지의 저주에 대해 낮은 목소리로 속닥거렸다.

남편을 잃은 구드룬은 동쪽에서 나타나 로마와 유럽을 충격과 경악으로 몰아넣고 게르만 민족을 이동하게 만든 훈족의 왕 아틸라의 청혼을 받아들인다. 그리고 훈족의 군대를 이용해서 시구르드를 죽인 군나르와 회그니를 죽여서 남편의 원수를 갚는다.

한편 저주가 깃든 안드바리의 반지는 라인강에 던져진다. 그 반지를 현대에 건져 올린 것이 J. R. R. 톨킨의 《반지의 제왕》이다. '반지의 제왕'은 이 탐욕의 저주가 깃든 반지를 없애기 위해 반지원정대가 결성되며 이야기가 시작된다.

# 12

신들의 황혼, 라그나뢰크

## 발데르의 꿈

무슨 일이든 시작을 했으면 끝이 나기 마련이다. 끝나지 않는 것은 없다. 또한 끝이 나야 새롭게 시작할 수 있다.

잘 알려진 것처럼 그리스 신화는 트로이 전쟁을 통해 신화를 이끌었던 영웅들의 거대한 무덤을 만들면서 마무리가 된다. 한편 북유럽 신화는 인간이 아니라 신화를 이끌었던 신들이 세상과 함께 죽음을 맞이한다. 신들의 황혼이라고 부르는 라그나뢰크가 그것이다.

신들의 황혼을 알리는 것은 청춘의 신 발데르의 꿈이었다. 오딘의 아들이기도 했던 발데르는 아스가르드에서 가장 매력적인 신이었다. 그것은 그가 청춘과 생명을 상징하는 신이었기 때문이다. 이둔의 사과가 신들의 젊음을 보장한다면 발데르는 신들의 생명을 보장하는 존재였다. 그는 아스가르드의 생명을 유지하게 하는 동력이었다.

그런 발데르가 악몽에 시달리기 시작했다. 한동안 밤마다 찾아오는 몸서리쳐지는 꿈에 시달려야 했다. 꿈속에서 괴물은 발데르를 삼키겠다는 듯이 집요하게 달려들었다. 발데르는 매번 꿈속의 괴물과 싸우며 신음소리를 내고 몸을 뒤척이다가 자기의 비명소리에 놀라서 잠에서 깨어났다.

악몽이 계속되면서 두려움과 짙은 불안이 발데르를 휘감았다. 발데르는 머리를 흔들어 자기를 휘감은 두려움과 불안을 떨쳐내려고 했지만 떨쳐낼 수가 없었다. 발데르는 곰곰이 자기의 꿈이 지닌 의미에 대해 생각해보았다. 그러나 그 의미가 무엇인지 알 수 없었다. 하나 분명한 것은 직감적으로 그 꿈이 자기의 운명과 맞닿아 있다는 것과 그 때문에 생긴 두려움과 불안이 떨쳐낼 수 없는 것이라는 점이었다.

발데르는 어머니인 프리그를 찾아가 간밤에 꾼 꿈과 그 꿈으로 인해 생긴 불안과 두려움을 털어놓았다. 프리그로부터 이야기를 전해 들은 오딘을 비롯한 신들 또한 전염이라도 된 듯 불안과 두려움을 느꼈다. 꿈을 꾼 신이 발데르였기 때문이다.

신들은 한자리에 모여서 발데르가 꾼 꿈의 의미를 해석해보려고 했지만 끝내 알아내지 못했다. 의미를 알 수 없었기에 해결책도 내놓을 수 없었다. 신들의 지루한 논의를 지켜보던 오딘은 본인이 직접 알아보겠다며 궁전을 떠났다.

오딘은 다리가 여덟 개로 세상 어디든 갈 수 있는 슬레입니르를 올라타고 죽은 자의 세계인 니플헤임으로 폭풍처럼 달렸다. 오딘이 니플헤임으로 간 것은 생명을 상징하는 발데르에 대한 위협은 죽음이라고 생각했기 때문이다.

니플헤임은 짙고 우울한 안개로 덮여 있었다. 니플헤임를 지키는 괴물 개 가름이 말발굽 소리를 듣고 사납게 짖어댔다. 니플헤임의 입구는 깎아지른 절벽 아래에 지하로 들어가는 동굴이었다.

오딘은 문지기 가름을 완전히 무시하고 니플헤임 안으로 들어섰다. 슬레입니르는 거침없이 달려갔다. 여덟 개의 다리는 차갑고 축축한 니플헤임의 땅을 걷어차듯이 달려나갔다. 오딘의 말이 걸음을 멈춘 곳은 니플헤임의 궁전 앞이었다.

궁전 안 한쪽에는 죽은 시체들이 놓여 있었고 다른 쪽에는 황금으로 만든 반지가 쌓여 있었다. 오딘은 궁전 안을 살펴보고는 죽은 여자 예언가가 묻혀 있는 동쪽 문으로 향했다. 오딘은 여자 예언가에게 발데르의 꿈에 대해 물어볼 생각이었다. 오딘은 무덤 앞에 이르자 말에서 내렸다.

오딘은 여자 예언가의 무덤 앞에 서서 하나밖에 없는 눈으로 무덤을 뚫어지게 바라보다가 룬 문자로 이루어진 주문을 외었다. 그러자 어둠 속에서 여자 예언가의 유령이 무덤 위로 나타났다. 여자 예언가는 쥐어짜는 듯한 목소리로 물었다. 음산하고 음울한 목소리였다.

"너는 누구인데 감히 나를 무덤에서 일으켜 세웠는가? 나는 이미 죽은 몸인데 왜 나에게 이런 고통을 안겨주는가?"

오딘은 자기의 정체를 숨기고 방랑자 베그탐이라고 소개했다. 베그탐이 된 오딘은 먼저 저승의 궁전에 놓여 있는 황금 반지에 대해 물었다. 여자 예언가는 저승의 궁전은 누군가를 맞이하기 위해 달콤한 술을 준비하고 화려한 황금을 준비했다고 대답했다.

오딘은 그것이 누군지 알고 있었지만 확인을 하겠다는 듯이 누구를 기다리고 있는지를 물었다. 여자 예언가는 귀찮다는 듯이 낮은 목소리로 말했다.

"발데르가 아니면 누구란 말이요?"

여자 예언가는 더 이상 말하기 힘들다며 돌아가겠다고 했다. 오딘은 다급하게 누가 발데르를 죽일지에 대해 물었다.

여자 예언가는 예의 쥐어짜는 듯한 목소리로 장님인 호드가 발데르의 고귀한 피를 흘리게 만들 것이고 오딘과 린드 사이에서 태어난 발리라는 아이가 발데르의 복수를 할 것이라고 대답했다.

오딘은 사라지려고 하는 여자 예언가에게 발데르의 죽음을 가장 기뻐할 자와 가장 슬퍼할 자를 알려달라고 요구했다. 그러자 여자 예언가는 눈을 반짝이며 높은 목소리로 물었다.

"당신은 세상만큼이나 오래 살았다는 오딘이군요! 당신에게는 더 이상 알려줄 것이 없어요."

오딘도 상대가 여자 예언가가 아니라 로키의 세 괴물 아이를 낳은 어머니인 앙그라라는 것을 알았다. 앙그라가 쇠를 긁는 듯한 웃음소리를 내며 말했다.

"당신에게는 시간이 얼마 남지 않았어요."

앙그라는 로키를 중심으로 하는 어둠의 세력이 모이면 다시 만나게 될 것이라는 말을 남기고 사라졌다.

## 황금가지

오딘은 니플헤임처럼 어두운 표정으로 아스가르드로 돌아왔다. 오딘은 신들에게 발데르에게 닥쳐올 죽음에 대해 설명했다. 발데르의 악몽은 자기의 죽음을 의미하는 꿈이었다. 이제 신들의 관심사는 어떻게 죽음으로부터 발데르를 지킬 것인가로 모아졌다.

신들은 사람들이 어떻게 죽는지에 대해 생각해보았다. 병에 걸려 죽을 수도 있고, 천재지변에 의해 죽을 수도 있고, 하늘과 땅, 바다 등 다양한 곳에서의 사고로 죽음을 맞이할 수 있었다.

신들이 이렇게 죽음으로부터 벗어나기 위해 죽음을 연구하고 있을 때 발데르의 어머니인 프리그가 멋진 생각을 했다. 그것은 세상의 모든 것들로부터 발데르를 해치지 않겠다는 서약을 받는 것이었다.

프리그는 곧바로 아홉 세상을 떠돌아다니면서 발데르를 해치지 않겠다는 서약을 받았다. 세상의 모든 것들은 아들의 안전을 기원하는 어머니의 간절한 마음을 뿌리치지 못했다.

가장 먼저 불이 약속을 했다. 이제 발데르는 불 때문에 죽지 않을 것이다. 그 다음에 약속을 한 것은 물이었다. 이로써 발데르는 물 때문에 죽을 일이 없었다. 땅과 나무와 금속도 발데르를 해치지 않겠다고 약속을 했다.

이렇게 프리그는 세상을 다니면서 질병, 동물을 포함한 세상의 모든 것들로부터 서약을 받았다. 땅 위와 땅 속을 오고가는 뱀도 발데르에게 해를 가하지 않겠다고 약속했다. 프리그는 신들이 생각해낸 죽음에 이르는 방법을 모두 막았다고 생각했다. 신들의 생각도 그러했다. 이로써 발데르는 말 그대로 불사신이 되었다. 세상의 그 어떤 것으로도 발데르를 죽일 수가 없었다.

그때 한 신이 실험을 해보겠다며 돌멩이를 하나 들어서 발데르를 향해 던졌다. 날아가던 돌멩이는 발데르 앞에서 스스로 힘을 줄였다. 세상의 모든 돌이 발데르를 해치지 않겠다고 한 서약을 지킨 것이다.

신들은 환호성을 질렀다. 발데르가 살해될 위협이 모두 사라진 것처럼 보였다. 이렇게 신들을 짓누르던 불안이 사라지고 아스가르드에는 다시 평화가 찾아왔다. 신들은 새삼스럽게 들판에 자라고 있는 풀조차 그 생명력이 새롭게 보였고 아름답다고 생각했다. 발데르의 죽음에 대한 위협을 통해서 삶과 생명에 대한 의미를 다시 느낄 수 있었던 것이다.

평소에 신들은 늘 한자리에 모여 회의를 하고 연회를 열었다. 그들은 새로운 놀이를 개발해냈다. 발데르를 향해 활을 쏘고 돌을 던지고 도끼를 내리치는 놀이였다. 무엇이든 발데르의 몸에 닿으면 스스로 튕겨 나왔다. 해치지 않겠다는 서약 때문이었다.

신들의 놀이를 보면서 씁쓸한 표정을 짓고 있는 신이 하나 있었다. 그건 로키였다. 발데르가 불사신이 된 것이 불쾌했다. 신들의 놀이가 유치한 아이들 장난처럼 보였다. 그는 뭔가 더 거칠고 피가 튀고 긴장감이 느껴지는 놀이를 원했다.

로키는 순간 눈을 번뜩이며 자리에서 일어났다. 그는 조용히 무리에서 빠져나가 노파로 변장을 한 다음 발데르의 어머니인 프리그가 있는 곳으로 향했다. 노파로 변장한 로키는 프리그를 상대로 얼토당토않은 수다를 떨다가 넌지시 대화의 방향을 바꾸었다. 정말로 세상의 모든 것들이 발데르를 해치지 않기로 서약을 했는지 집요하게 물었다.

프리그는 귀찮은 노파를 떨어내기 위해 발할라 서쪽에 있는 겨우살이만 너무 어려서 서약을 받지 못했다고 대답했다. 노파로 변신한 로키는 싱긋 미소를 짓고 그 자리를 떠났다.

로키는 환호성을 지르며 프리그가 말한 곳으로 달려갔다. 그곳은 신들이 잘 찾지 않는 곳이었다. 로키는 숲으로 들어갔다.

그리고 눈을 부릅뜨고 겨우살이를 찾아다녔다.

겨우살이는 참나무 등에 기생하는 쌍떡잎식물이다. 겨우살이는 나무에 붙어 기생하기 때문에 물이나 흙에서 자라지 않는다. 그래서 모든 흙에서 나는 것과 물에서 나는 것들은 발데르를 해치지 않겠다고 약속했지만 겨우살이는 예외였다.

로키는 얼마 지나지 않아 자기가 원하는 것을 찾아냈다. 로키는 겨우살이의 작은 가지를 비틀어서 참나무 가지에서 떼어냈다. 그리고 흐뭇한 표정으로 한동안 겨우살이를 바라보았다. 로키는 발길을 돌려 아스가르드로 향했다.

## 발데르의 죽음

로키는 신들의 회의장인 글라드스헤임으로 가는 도중에 가장 크고 곧은 겨우살이를 골라서 껍질을 벗긴 다음 한쪽 끝을 뾰족하게 만들었다.

로키는 두리번거리다가 한쪽 구석에 홀로 서 있는 발데르의 동생이자 운명의 신인 호드를 발견했다. 호드는 앞을 보지 못하는 장님이었기 때문에 놀이에 끼어들지 못했다. 로키는 호드에게 다가갔다. 그는 호드에게 왜 불사신이 된 발데르를 축하하는 놀이에 끼지 않느냐고 물었다.

호드는 눈이 보이지 않고 무기도 없다고 대답했다. 로키는 친절하게 뾰족하게 깎은 겨우살이를 손에 쥐어주고 발데르가 있는 방향도 알려주었다. 아마 다른 신들이 로키를 보았다면 놀랐을 것이다. 눈동자가 사악하게 빛나고 있었기 때문이다.

호드는 로키가 알려준 곳에 섰다. 그리고 로키가 일러준 방향으로 겨우살이를 던졌다. 겨우살이는 발데르를 향해 날아갔고 다른 신들이 던진 것과는 달리 발데르를 관통했다. 그리고 발데르는 그 자리에 쓰러졌다. 그리고 숨을 쉬지 않았다.

모여 있던 신들은 눈앞에서 벌어진 광경을 보고도 믿지 못했다. 깊은 침묵과 정적으로 덮였다. 신들의 시선은 바닥에 쓰러진 발데르로 향해 있었다. 한동안 넋이 나갔던 신들은 호드와 로키를 노려보았다.

신들은 누가 발데르를 죽인 범인인지 알았다. 그러나 신성한 아스가르드에서는 피를 뿌릴 수가 없었기 때문에 죽일 듯한 눈길만을 던질 뿐이었다. 호드는 앞을 보지 못하기 때문에 영문을 모르고 서 있었지만 로키는 그 눈길을 감당할 수 없었다.

그는 슬그머니 글라드스헤임을 빠져나왔다. 그리고 이미 세상을 덮고 있던 어둠 속으로 몸을 숨겼다. 한동안 로키의 모습이 보이지 않았다.

발데르를 죽음으로 몰고 간 겨우살이는 말려서 오래 두면 황금빛으로 변한다. 그래서 겨우살이를 달리 황금가지라고 부른다. J. 프레이저의 유명한 《황금가지》라는 책 제목도 겨우살이에서 왔다.

## 죽음 뒤에 오는 것

죽음은 사라지는 것이지만 그것이 사라지기 전까지 많은 것들이 생긴다. 먼저 비탄에 잠긴 울음소리와 슬픔이 찾아온다.

발데르의 죽음이 확인되자 누군가 울음을 터뜨렸고 신들은 헤어나기 힘든 깊은 슬픔에 빠졌다. 오딘은 이미 비극을 예상하고 있었지만 막상 현실이 되자 앞으로 찾아올 불행에 몸서리를 쳤다.

그때 프리그가 저승에 가서 몸값을 지불하고 발데르를 데리고 올 신이 없냐고 울부짖듯 물었다. 오딘의 아들인 헤르모드가 나섰다. 그는 오딘이 내준 슬레입니르를 타고 고삐를 당겨 어둠 속으로 뛰어들었다.

헤르모드는 짙은 어둠을 뚫고 니플헤임을 향해 용감하게 달렸다. 미드가르드를 지나 북쪽에 있는 니플헤임으로 가는 길에 이르자 차가운 공기가 그를 감쌌다. 죽은 자들이 건너는 꼴강에 이르렀을 때 다리를 지키는 처녀인 모드구드가 헤르모드의 앞길을 막았다.

"당신은 누구죠? 죽은 사람들은 이렇게 요란하게 지나가지 않아요?"

헤르모드가 목적을 밝히자 모드구드는 이미 발데르가 지나갔다는 것과 니플헤임으로 가는 길을 알려주었다. 헤르모드는 모드구드가 알려준 곳으로 다시 말을 달렸다. 그리고 저승의 여신이자 로키의 딸인 헬이 지배하는 궁전이 보이는 곳에 도착했다.

문은 죽은 자 외에 들여보내지 않겠다는 듯이 굳게 잠겨 있었다. 헤르모드는 문을 지켜보다가 슬레입니르의 옆구리를 걸어차며 철문을 향해 돌진했다. 슬레입니르는 맹렬한 속도로 달려가다가 철문 앞에서 몸을 일으켜 철문을 넘었다. 헤르모드는 헬의 궁전에 이르자 말에서 내려 홀 안으로 들어갔다.

헬의 궁전에는 수많은 시체들이 있었다. 갓 들어와 멀쩡한 시체부터 오래되어 부패하고 문드러진 몸을 가진 시체까지 온갖 시체들로 가득 했다. 그들은 모두 헤르모드를 노려보았다. 헤르모드는 아름다운 얼굴로 높은 의자에 앉아 있는 발데르를 발견했다.

헤르모드는 죽은 자들과 함께 헬이 나타나기를 기다렸다. 오랫동안 기다린 다음에야 헤르모드는 헬을 만날 수 있었다. 헬의 상반신은 여자의 그것이었으나 하반신은 오래된 시체처럼 썩어 있었다. 헤르모드는 아스가르드의 신들이 깊은 슬픔과 절망에 잠겨 있다는 말을 전하고 발데르를 아스가르드로 데리고 갈 수 있게 해달라고 부탁했다.

헬은 헤르모드의 말을 듣고 잠시 생각한 다음에 말했다.

"아홉 세상의 모든 것들이, 살아 있는 것이든 죽은 것이든 발데르를 위해 운다면 발데르를 돌려보내주지. 그러나 단 하나라도 울지 않으면 발데르는 여기 니플헤임에 남게 될 거야."

헤르모드는 곧바로 아스가르드로 돌아와 헬의 말을 전했다. 신들은 아홉 세상으로 전령을 보내어 발데르를 위해 울어달라고 부탁했다. 발데르를 해치지 않겠다고 약속한 적이 있는 물과 불을 비롯한 사물들은 발데르를 위해 기꺼이 눈물을 흘려주었다. 땅도 울고 나무도 울고 모든 질병들도 울었으며 동물들과 뱀까지 모두 발데르를 위해 울었다. 세상이 모두 발데르를 위해 울었다.

세상의 모든 것들이 울었다고 확신한 전령들은 돌아오는 도중에 어느 동굴에서 거인 노파를 하나 만났다. 전령은 사정을 설명하고 발데르를 위해 울어달라고 부탁했다. 전령들이 간절하게 부탁했지만 거인 노파는 콧방귀를 뀌며 울기를 거부했다. 거인 노파는 로키가 변신한 모습이었다.

전령들의 임무는 실패했다. 이제 발데르를 살려낼 방법이 없었다. 이제 남은 것은 죽음을 공식적으로 확인하는 장례뿐이었다.

## 바이킹들의 장례

신들은 전령의 말을 듣고 장례식을 준비했다. 네 명의 신이 발데르의 시신을 어깨에 메고 바다로 갔고 나머지 신들은 그 뒤를 따랐다. 신들은 발데르의 시신을 그의 배 근처에 내려놓았다. 그런데 신들이 너무 슬퍼한 나머지 힘이 빠져서 배를 바다에 띄울 힘이 없었다.

신들은 요툰헤임으로 전령을 보내서 거인족 여인인 히로킨을 불렀다. 얼마 후 히로킨은 독사로 된 고삐를 쥐고 크고 잔혹하게 생긴 늑대를 타고 왔다. 거만한 히로킨은 엄청난 힘으로 발데르의 배인 링호른을 들어 올려 바다에 띄웠다.

신들은 발데르의 시신을 들어 올려 링호른으로 다가가 배 안에 깔아놓은 높은 의자에 내려놓았다. 그 광경을 발데르의 아내인 난나도 지켜보고 있었다. 난나는 발데르가 배 위의 의자에 놓이자 몸이 떨리기 시작하면서 통제를 할 수가 없었다. 눈물이라도 흘리면 슬픔과 절망이 빠져나갈 듯도 했지만 이미 눈물이 말라버린 난나는 그대로 심장이 터져서 죽고 말았다.

난나의 시신 또한 발데르의 옆에 놓였다. 모래사장에는 수많은 추모행렬이 모여들었다. 아스가르드의 신들뿐만 아니라 지하의 난쟁이들, 서리거인들과 바위거인들, 발키리에와 같은 요정들, 발할라의 전사들 모두 모여 발데르의 장례를 지켜보았다.

링호른에는 반지를 비롯한 발데르의 유품들이 쌓였다.

발데르가 평소에 타고 다니던 말이 주인의 죽음을 애도라도 하듯 해변을 질주하기 시작했다. 얼마나 격렬하게 달렸는지 몸은 땀으로 뒤덮였다. 그 모습을 본 하인 하나가 말의 목에 칼을 찔렀다. 쓰러진 말 또한 링호른으로 옮겨졌다.

마지막으로 오딘이 배로 올라가 아들의 얼굴을 아무 말 없이 물끄러미 바라보았다. 그리고 몸을 숙이고 발데르의 귓가에 입을 가져갔다가 다시 한동안 아들을 바라본 다음 배에서 내렸다. 오딘의 표정은 비장했다.

오딘이 신호를 하자 기다리고 있던 하인 하나가 불이 붙은 횃불을 배에 쌓아놓은 장작 위로 가져갔다. 그러자 엄청난 불길이 일어났고 연기가 허공을 뿌옇게 덮었다. 그리고 배에 묶여 있던 밧줄이 풀렸다. 배는 천천히 바다로 향해 흘러갔고 그 모습을 바라보던 참배객들의 눈에서 눈물이 흘러내렸다. 참배객들은 삼삼오오 발데르의 아름다움과 친절함에 대해 작은 소리로 이야기를 나누었다. 얼마 후 배의 불길과 연기는 수평선 너머로 사라졌다.

북유럽 세계의 주민들이며 오딘에 충성했던 바이킹들은 죽은 사람을 배에 태운 다음 배를 불태운 발데르의 장례 방식을 따랐다.

한편 발데르의 죽음과 장례는 신들의 죽음, 더 나아가 세상의 죽음과 장례를 의미했다. 발데르의 죽음은 세상을 밝히고 움직이던 생명의 죽음을 의미하기 때문이다. 이제 그 생명력에 억눌려 있던 사악한 힘들이 고개를 쳐들고 세상을 어둠과 죽음으로 몰아넣을 것이다.

## 로키의 도발

발데르의 장례 이후 꽤 시간이 지나갔다. 신들을 감돌던 죽음이 안긴 슬픔과 절망도 엷어졌다. 어느 날 신들은 바다의 신인 아에기르를 찾아갔다. 아에기르는 향기로운 술을 신들을 위해 내놓았다. 그 자리에는 토르를 제외한 많은 신들이 모여 있었다. 로키도 그 자리에 있었다. 아에기르의 하인들이 예의 바르게 시중을 들었고 좌중은 부족함 없이 흥겨웠다.

로키는 평화로운 술자리가 마음에 들지 않았다. 욱하는 마음에 시중을 들던 하인 하나를 칼로 찔러 죽였다. 연회는 뒤죽박죽이 되었고 신들은 버럭 화를 내며 로키를 연회장 바깥으로 내쫓았다. 로키가 다시 연회장에 돌아갔을 때 연회는 다시 선량하고 흥겨운 자리로 바뀌어 있었다.

로키는 흥겨운 잔치를 망쳐놓고 싶었다. 선량한 즐거움이 아니라 사악한 증오심으로 연회장을 가득 채우고 싶었다. 로키가 연회장에 다시 나타나자 분위기는 싸늘해졌다. 신들은 로키에게 나가라고 외쳤다.

로키는 신들의 말을 무시하고 오딘을 향해 의형제를 맺으면서 늘 함께 술을 마시겠다고 한 맹세가 여전히 유효한지 물었다. 오딘은 말없이 고개를 끄덕이고 술을 주었다. 로키는 기고만장한 표정으로 신들의 약점을 하나씩 물고 늘어졌다.

프레이야가 목걸이를 얻기 위해 난쟁이들과 잠자리를 함께 한 것이며 티르가 로키의 아들이기도 한 괴물 펜리르에게 한쪽 팔을 잃은 것에 더해 오딘까지 흉을 보았다. 주변에서 로키의 악담을 말리려고 했지만 로키는 아랑곳하지 않고 신들이 숨기고 싶어 하는 창피하고 부끄러운 일들을 입에 담았다.

그때 토르가 나타나 로키의 악담을 막기 위해 사납게 탁자를 내리쳤다. 그 모습을 보고 로키가 비웃었다.

"힘만 믿고 까부는 녀석이 왔군. 훗날 내 아들 펜리르와 싸울 때도 용감하게 힘을 쓸 수 있을까?"

토르는 머리끝까지 화가 났다. 그 모습을 보고 로키는 토르가 우트가르드에서 거인의 장갑 속에서 당황했던 때를 주절거렸다. 토르는 묠니르를 단단히 움켜쥐었다. 로키는 손을 들어 토르의 행동을 저지한 다음에 술을 한잔 마시고 연회장을 떠났다. 문을 나서기 전에 신들을 바라보며 의미심장한 말을 던졌다.

"이제 이런 즐거운 연회도 없고 술을 마실 기회도 없겠지. 세상은 모두 불길에 휩싸일 테고 모든 것이 파괴되고 말 테니까. 내 말을 잘 기억해두라고. 누구 하나 살아남지 못할 거야."

연회장은 공포와 전율이 감돌았다. 아무도 입을 열지 않았다. 연회는 그대로 끝났다. 신들이 하나둘씩 아에기르의 궁전을 떠났기 때문이다.

로키는 더 이상 아스가르드에서 살 수 없게 되었음을 느꼈다. 자기가 퍼부은 악담과 저주 때문에 신들이 자기를 붙잡아 보복을 할 것이라고 생각했다. 그래서 로키는 아스가르드를 떠났다. 로키는 신들이 자기를 찾지 못할 곳으로 달아나려고 했다.

로키는 곰곰이 생각해보았다. 그리고 인간세계인 미드가르드에서도 멀리 떨어진 산속에 숨었다. 그곳은 한쪽이 낭떠러지로 곧바로 바다로 이어졌다. 로키는 산꼭대기에 조그만 집을 하나 지었다. 로키는 집에서 언제든지 도망갈 수 있도록 네 개의 문을 만들었다.

로키는 늘 불안 속에서 시간을 보냈다. 돌이 하나 굴러떨어져도 자리에서 벌떡 일어나 주위를 살폈다. 그래서 로키는 한 가지 꾀를 냈다. 그것은 변신 능력을 이용해서 낮에 숨어 있는 것이었다. 로키는 새벽빛이 세상에 비쳐 들면 연어로 변신해서 낭떠러지 아래에 있는 깊은 폭포의 연못 속에 숨었다.

그렇지만 로키의 불안은 사라지지 않았다. 신들이 연어로 변한 자기를 어떻게 잡으려고 할지에 대해 궁리했다. 어느 날 촛불을 밝히고 로키는 아마로 꼰 실로 촘촘한 그물을 만들었다. 그 그물이라면 꼼짝 없이 잡히고 말 것이었다. 로키는 신들의 생각이 그물에 미치지 못하기만을 빌었다.

그때 산 아래에서 웅성거리는 소리가 들려왔다. 로키는 재빨리 밖을 관찰했다. 몇 명의 신들이 자기를 잡기 위해 올라오고 있는 게 보였다. 로키는 자기가 만든 그물을 불 속에 던져 넣고 연어로 변신해 폭포로 뛰어들었다.

신들은 오딘이 알려준 곳에서 로키의 집을 찾아냈다. 로키는 집안에 없었다. 단서가 될 만한 것을 찾다가 불 속에서 특이하게 생긴 것을 찾아냈다. 신들은 불에 탄 그물의 형태를 보고 궁리한 끝에 그것이 어디에 쓰이는 것인지 알아냈다. 로키는 제 꾀에 제가 넘어간 셈이다.

신들은 새벽에 그물을 들고 폭포로 내려갔다. 폭포는 엄청난 소리를 내며 떨어지고 있었다. 폭포 아래에는 떨어지는 물방울 때문에 생긴 안개로 자욱했다. 토르는 입술에 손을 대고 조용하라고 신호를 한 다음에 그물을 들고 거대한 연못으로 들어갔다.

토르는 그물을 던지고 밑바닥부터 훑기 시작했다. 로키는 토르가 그물을 들고 다가오는 모습을 보았다. 연어로 변한 로키는 재빨리 틈을 발견하고 깊은 물속으로 들어가 숨었다. 토르는 그물을 들어 올렸지만 로키를 잡지 못했다.

신들은 그물에 돌을 달아서 아래로 빠져나가지 못하게 막고 다시 그물을 던졌다. 신들이 그물로 바닥을 훑는 동안 로키는 빠져나가려고 했지만 아래에는 공간이 없었다. 로키는 그물을 피하기 위해 허공으로 몸을 솟구쳤다.

신들은 로키를 발견했다. 신들은 다시 그물을 던졌고 로키는 그것을 피하기 위해 다시 몸을 솟구쳤다. 그 순간 기다리고 있던 토르가 재빨리 연어로 변한 로키를 사로잡았다.

## 고조되는 위기

신들은 로키를 당장이라도 때려죽이고 싶었지만 신성한 곳에서 피를 흘릴 수 없었기 때문에 로키에게 죽음 대신 가혹한 형벌을 내렸다. 토르와 여러 신들이 로키에게 벌을 내리기 위해 동굴로 끌고 가는 동안 다른 신들은 로키의 아들 발리와 나르비를 찾아냈다. 신들은 발리를 늑대로 변하게 했고 발리는 자기 동생을 물어 죽인 다음 크게 울부짖으며 요툰헤임 쪽으로 달아났다.

신들은 죽은 나르비의 몸에서 창자를 꺼내어 로키가 갇혀 있던 동굴로 갔다. 그곳에는 로키의 아내 시긴도 슬픈 표정으로 끌려와 있었다.

신들은 석판을 세 개 구해서 구멍을 뚫고 로키를 그 위에 눕힌 다음 나르비의 창자로 석판과 로키의 몸을 묶었다. 세 개의 석판을 로키의 어깨와 몸통, 다리에 묶었다. 도저히 끊을 수 없는 가족이라는 인연처럼 아들의 창자는 마법을 통해 쇠보다 강해졌다. 그때 스카디가 맹독을 가진 독사를 잡아왔다. 스카디는 독사를 종유석에 매달아 로키의 얼굴 위로 독이 떨어지게 만들었다.

독이 얼굴로 떨어지자 로키는 고통 때문에 비명을 질렀다. 유일하게 로키 주위에 남은 시간은 남편을 위해 그릇을 준비했다. 그것을 들고 위에서 떨어지는 독을 받아 로키를 고통에서 벗어나게 했다. 그러나 독이 그릇에 차고 그것을 비워야 할 때 로키는 떨어지는 독을 얼굴로 받아야 했고 그때마다 몸을 비틀며 비명을 질렀다. 로키는 세상이 끝날 때까지 그 벌에서 벗어나지 못했다.

로키가 사로잡히고 세상에는 혼란과 위기가 찾아왔다. 먼저 위기는 인간들의 세계인 미드가르드에 찾아왔다. 3년 동안 끔찍한 전쟁이 계속되었다. 아들이 아버지에게 칼을 들이댔고 형제들끼리 서로를 해쳤다. 전쟁이 끝나자 참혹한 겨울이 3년 동안 세상을 덮쳤다. 눈이 쏟아지고 살을 에는 듯한 바람이 몰아닥쳤다. 여름은 찾아오지 않았다. 3년의 전쟁과 3년의 겨울은 세상의 종말을 알리는 전조였다.

또한 오랫동안 태양의 마차를 따라다니던 늑대 스콜이 마침내 태양을 물었고 삼켰다. 아스가르드를 비롯한 세상에 태양의 피가 쏟아져 내렸다. 곧이어 달의 마차를 따라다니던 스콜의 동생 하티 또한 달을 잡아먹었다.

그러자 세상을 얽매고 있던 모든 족쇄와 사슬이 풀렸다. 족쇄와 사슬에 걸려 있던 마법의 힘이 모두 사라졌기 때문이다. 이때 족쇄에 묶여 있던 로키의 아들이며 거대한 몸을 가진 괴물 늑대 펜리르와 로키도 풀려났다.

## 신들의 황혼

세계는 종말의 위기로 소란스러웠다. 숲에서는 새들이 세상의 종말이 찾아왔음을 노래했다. 바다에서는 세계를 감싸고 있는 거대한 뱀 요르뭉간드가 육지로 올라오기 위해 몸부림을 쳤고 그 때문에 파도가 거칠어졌다. 죽은 자들의 손톱으로 만든 배인 나글파르는 전사들을 싣고 오기 위해 바다로 나갈 준비를 했다.

서리거인들의 왕인 흐림은 거인들을 모두 거느리고 배를 타고 바다를 건너와 비그리드 평원으로 향했다. 로키 또한 족쇄에서 풀려나 평원으로 향했다. 그의 자식들인 펜리르와 요르뭉간드 또한 일행에 합류했다.

펜리르는 입을 크게 벌려 세상을 삼키려고 했고 요르뭉간드는 쉴 새 없이 독을 뿜어댔다. 비그리드 평원에는 로키가 이끄는 세력이 한자리에 모였다. 또한 남쪽에서 수르트라는 거인이 불칼을 세상을 향해 휘두르며 나타났다.

그 모습을 본 신들의 파수꾼 헤임달은 거대한 나팔인 걀을 입에 대고 불었다. 그 나팔소리는 아홉 세상에 울려 퍼졌고 그 소리를 들은 신들은 현자의 샘인 미미르의 샘에 모여 회의를 열었다.

세상을 감싸고 있는 거대한 나무인 이그드라실은 앞으로 닥쳐올 불행을 예감하며 부르르 몸을 떨었다. 신들은 완전 무장을 했고, 그때를 위해 오딘이 준비한 발할라의 전사들과 함께 세상의 종말을 꿈꾸는 세력과 싸우기 위해 비그리드 평원으로 나섰다.

오딘은 괴물 늑대 펜리르를 쓰러뜨리기 위해 창인 궁니르를 휘두르며 달려들었다. 옆에 있던 토르는 자기를 향해 달려드는 괴물 뱀인 요르뭉간드와 맞섰다. 프레이르는 불칼을 휘두르는 수르트와 대적했다. 저승의 파수꾼인 가름과 맞선 것은 펜리르에게 한 팔을 잃은 티르였다. 로키를 상대한 것은 헤임달이었다.

가장 먼저 희생된 것은 오딘이었다. 펜리르가 오딘을 통째로 삼켰다. 그것을 본 비다르는 미리 준비한 신발을 신고 펜리르의 아래턱을 발로 누르고 위턱을 찢어서 죽였다. 로키와 헤임달은 서로를 죽였다.

한번 맞선 적이 있었던 토르와 요르뭉간드 또한 서로를 죽이는 것으로 끝냈다. 묠니르가 요르문간드를 쓰러뜨렸지만 토르 또한 독에 중독되어 쓰러졌다. 프레이르는 꽤 오래 수르트와 맞섰지만 거인과 싸울 힘을 가진 칼을 청혼을 위해 하인 스키르니르에게 주었기 때문에 당해내지 못했다.

수르트의 불칼은 온 세상에 불을 질렀고 닥치는 대로 태웠다. 아홉 세상은 모두 불에 타고 말았다. 상처 입은 태양은 빛을 내지 못했고 세상의 살아 있는 것들은 모두 죽었다. 그리고 대지는 바닷속 깊은 곳으로 가라앉았다.

신들도 죽고 인간들도 죽고 세상은 완전히 끝난 것처럼 보였다. 그러나 오랜 세월이 지나면 대지는 바다 위로 솟아오르게 된다. 불타고 파괴되었던 세상은 푸르고 비옥한 땅으로 바뀌게 된다. 세상에는 살아 있는 것들이 가득하게 된다.

오딘의 아들 비다르와 발리가 살아남았다. 토르의 힘센 아들인 마그니 또한 살아남아 아버지의 마법 망치 묠니르를 되찾는다. 운명의 신 호드 또한 살아남아 미래를 예언하게 된다.

예전처럼 신들은 다시 한자리에 모이고 세상에는 새로운 궁전들이 생겨난다. 어떤 궁전에는 선한 신들이 살고 또 어떤 궁전은 사악한 자들이 차지하게 된다. 과거의 세상처럼 선한 자들과 악한 자들은 서로 나뉘어 각자의 장소를 차지하게 된다.

우주나무인 이그드라실 깊은 곳에 몸을 숨기고 있던 두 인간 리프와 리프트라시르는 살아남아 인류의 조상이 된다. 태양은 죽기 전에 딸을 낳았고 어머니를 대신해 세상을 비추게 된다.

# NORSE
# MYTHOLOGY

# 왜 지금 북유럽 신화인가

## 모험과 투쟁을 위한 이야기

북유럽 신화는 여러 차례 변화를 경험했다. 고대에 북유럽 사람들이 춥고 거친 세계를 이해하기 위해 창조해냈던 신화시대를 거쳐서 8세기 이후 모험과 투쟁의 시대를 지나왔다. 시대가 변함에 따라 사람들의 관심과 흥미가 달라지면서 새로운 신화가 소환되기도 하고 흥미가 사라진 신화는 사람들의 기억 깊은 곳에 봉인되기도 했다.

책의 첫머리에서 소개했던 대로 매우 춥고 거친 땅에서 태동한 북유럽 신화는 8세기에 큰 변화를 겪게 된다. 기후가 따뜻해지면서 인구가 급증했는데 그 사람들을 먹여 살릴 식량 생산량은 그에 따르지 못했다.

만약 당시 이들이 비옥한 땅과 풍요로운 자연과 함께했다면 굳이 위험을 무릅쓰고 모험을 하고 타자를 약탈할 이유가 없었을 것이다. 자연을 포함한 타자와 평화로운 관계를 맺는 것이 유리하면 이들의 행동과 생각도 그 방향으로 이끌려갔을 것이다.

그러나 8세기 이후의 북유럽은 그렇지 않았다. 타자와 함께 손잡고 웃으며 살 수 있는 상황이 아니었다. 생존을 위해 타자의 것을 빼앗아야 하는 경우가 자주 발생했다.

무엇을 하든 사람의 행동에는 의도라는 것이 있기 마련이다. 무심코 하는 행동에도 그렇게 하게 만드는 교육된 패턴이나 사회적 이데올로기가 존재한다. 또한 자기가 하는 행동에 대해 그것이 종교적인 도덕이든 사회적인 통념이든 합리적인 배경을 찾게 된다.

타자의 재산을 약탈해야 했던 바이킹들은 그런 자기들의 행동을 정당하게 만들 필요가 있었다. 유대인들은 신이 자기들을 선택했다는 믿음으로 오랜 시간 고통스러운 박해를 견딜 수 있었다.

8세기 이후 북유럽에 살았던 바이킹들은 자체적으로 먹을 것을 충분히 생산할 수 없었기에 남의 것을 약탈하는 일이 많았다. 현대인의 상식으로 볼 때 남의 것을 빼앗는 행위는 비도덕적이고 불법이다.

그러나 삶을 유지하기 위해 바이킹들은 약탈에 나서야 했고 그를 위한 이데올로기가 필요했다. 북유럽 신화에서 용감하게 싸운 용사들이 발할라라고 부르는 천국으로 간다는 생각은 이런 배경에서 비롯되었다. 풍요롭고 비옥한 땅에 사는 사람들은 남을 돕고 타자를 위해 애쓴 사람이 천국에 간다고 생각한 것과 대조적이다.

8세기 이후 북유럽 신화는 모험과 투쟁이 주요 모티프인 신화로 사람들의 입에 자주 오르내리기 시작했다. 앞에서도 보았듯이 고대 사회에서 비중이 높았던 티르의 위상이 크게 약화되는 한편으로 토르의 위상은 높아졌다. 오늘날 북유럽 신화에서 모티프를 딴 영화의 경우에서도 잔잔하고 평화로운 존재보다는 토르처럼 강력하고 전투적인 존재가 더 인기가 높은데, 이 역시 현대인의 관심과 흥미에서 비롯된 것이다.

## 북유럽 신화와 그리스도교, 그리고 에다

12세기에 들어서 북유럽 사람들의 생각과 행동에 변화가 생기면서 북유럽 신화 또한 새로운 변화를 겪었다. 이제까지 지배적이었던 생각에 변화가 생기고 그 변화에 따라 행동과 생활이 바뀐 것이었다.

생각의 변화에 가장 큰 영향을 미친 것은 그리스도교였다. 과거 로마에 의해 전파된 그리스도교는 이 무렵 유럽의 사회 변화를 주도하는 종교의 위상을 갖추고 있었다. 오늘날의 프랑스를 덮고 있던 드넓은 숲의 개간을 주도한 것도 11세기의 수도 사들이었다. 숲을 농토로 바꾸고 그 과정에서 도시가 발달하고 대성당이 등장한다.

그리스도교를 받아들이게 되면서 바이킹들은 서서히 서로 다른 두 세계관, 즉 기존의 북유럽 신화와 새롭게 가미된 그리스도교의 공존과 조화에 대해 고민했다.

북유럽 신화와 그리스도교는 여러 가지 면에서 달랐다. 예를 들어 마태복음을 보면 예수는 누군가 오른쪽 뺨을 때리면 왼쪽 뺨을 내밀라고 가르쳤다. 바이킹들은 이런 가르침을 전혀 이해 하지 못했다. 도무지 이해할 수 없는 가르침이었다.

이들은 가만히 있는 사람에게도 폭력을 행사하고 약탈을 하던 사람들이었다. 하물며 맞았는데 가만히 있는 것도 아니고 왼쪽 뺨을 내밀라는 가르침은 도저히 받아들일 수 있는 것이 아니었다.

한편으로 그리스도교의 체계적인 교리는 북유럽 신화의 세계를 체계화할 수 있는 논리를 제공했다. 로키는 신화에서 보면 트릭스터로 세상을 변화시키는 존재이지만 그리스도교를 대입해서 생각하면 명백하게 악의 세력이었다. 달리 표현하면 뿌옇게 보이던 것이 안경을 쓴 것처럼 또렷해졌다는 말이다.

악의 상징인 로키의 자식인 헬이 지배하는 영역은 자연스럽게 지옥을 연상시켰다. 또한 그때까지 왜 신들까지 모두 죽는 라그나뢰크(신들의 황혼)가 발생하는지 명확하지 않았지만, 요한계시록은 이 세계가 왜 불에 타고 종말을 맞이해야 하는지에 대해 논리적으로 설명하고 있었다. 악을 몰아내고 영원한 심판을 하기 위해서라고 말이다.

그리스도교도 북유럽 신화의 이미지를 많이 받아들였다. 주로 받아들인 것은 악이나 지옥과 같은 이미지이다.

예를 들면 가톨릭의 고전인 A. 단테의《신곡》에서 지옥의 이미지는 유황이 끓고 있는 연못이 아니라 얼음으로 덮인 추운 황무지로 묘사된다.《신곡》의 지옥편에 나오는 마지막 노래에서 지옥의 군주가 살고 있는 곳을 묘사하는 부분이 나오는데 그곳은 얼음 궁전에서 불어오는 눈보라 때문에 가까이 다가서기 힘들다고 나온다. 앞에서 살펴본 북유럽 신화의 헬의 묘사와 매우 유사하다. 특히 단테가 묘사한 사악한 악마는 북유럽 신화에 나오는 서리거인과 매우 흡사하다.

물론 이러한 변화는 오랜 시간에 걸쳐 서서히 일어났지만 변화 자체는 확실했다. 그리스도교의 세계관이 북유럽 세계에 영향을 미치게 되면서 북유럽 신화는 흡수되거나 약화될 위기에 놓였다.

과거 신화는 오늘날처럼 책으로 읽는 것이 아니었다. 누군가 신화를 기억하고 있는 사람이 다른 사람들에게 들려주었다. 이들은 오늘날의 연예인이나 배우처럼 큰 인기를 누렸다. 인류는 시대를 불문하고 늘 이야기를 좋아했다.

북유럽 세계에서 이야기꾼의 역할을 맡은 것은 스칼드와 바르드였다. 스칼드는 '시'라는 뜻이지만 달리 바이킹 시대에 스칸디나비아 및 아이슬란드의 궁중에 속해 있던 음유시인을 가리킨다.

이들은 궁중에서 연회가 벌어지면 오딘과 토르 등과 같은 신들의 이야기를 들려주었다. 사람들은 그 신화를 들으며 그들이 펼치는 모험에 공감하고 삶의 좌표로 삼았다. 특히 스칼드의 활약이 두드러졌던 것은 바이킹들이 유럽을 떠들썩하게 만들었던 9~12세기였다.

바르드는 악사나 시인을 가리키는 말로 방랑시인으로 번역된다. 이들은 궁중보다는 여기저기 대중들 사이를 떠돌면서 음악과 함께 시를 통해 신들의 이야기를 퍼뜨렸다.

스칼드와 바르드 모두 기억에 의지했기 때문에 이야기를 하는 도중에 내용이 추가되거나 빠지기도 했다. 그래서 시간이 지나면서 이야기가 달라지기도 했다.

그리스도교의 유입으로 신화가 사라질 위기에 놓인 것에 더해 표준적인 신화를 정리할 필요가 생겼다. 이렇게 해서 탄생한 것이 '에다Edda'라고 불리는 북유럽 신화를 담은 책이다.

에다는 옛것과 새것이라는 의미를 가진 《고 에다》와 《신 에다》두 가지 형태가 있다. 《고 에다》는 시의 형태로 되어 있어 운문 에다라고도 불리고 《신 에다》는 산문 에다라고도 불린다. 다만 《고 에다》는 일부가 누락되어 전해지지 않는다. 《고 에다》는 오늘날의 아이슬란드와 노르웨이 등에서 시의 형태로 전해 진 신화를 묶은 것이다.

두 가지 에다가 세상에 등장한 것은 13세기였다. 오늘날 북 유럽 신화는 대체로 《신 에다》에 의지하고 있다. 그래서 흔히 '에다'라고 하면 《신 에다》를 가리킨다. 《신 에다》는 1220년경에 아이슬란드의 역사학자인 스노리 스툴루손이 정리했다. 그러나 이 무렵 이미 그리스도교의 그늘이 드리워져 있던 상태였기에 《신 에다》에는 북유럽 신화가 지니고 있던 거칠고 폭력적인 성 향이 많이 순화되어 묘사되었다.

### 헤브라이즘에서 헬레니즘으로, 그리고 …

이후 북유럽을 포함한 유럽의 세계는 그리스도교의 세계관 에 의해 지배되기 시작했고 그 짙은 그림자 안에서 중세를 보 냈다. 북유럽 신화는 그리스도교에 의해 악과 악마의 이미지 등 을 제공하며 이데올로기의 변방으로 밀려났다.

중세는 서양식 이분법의 구분에 따르면 종교적 성격이 강한 헤브라이즘이 우세했던 시대였다. 많은 것이 그리스도교의 가르침에 따라 좌우되었다. 그 가르침은 사람들의 삶과 생활을 위한 훌륭한 지침이 되기도 했지만 지독한 편견에 사로잡혀 마녀사냥과 같은 엄청난 비극을 불러오기도 했다. 골짜기가 없으면 산도 없는 것처럼 빛이 있기 위해서는 그림자가 반드시 생기기 마련이다.

그러나 14세기 이후 문예부흥이라고 불리는 르네상스, 16세기의 종교개혁과 R. 데카르트를 비롯한 철학의 발전에 의해, 헤브라이즘의 짝이 되는 헬레니즘이 고개를 들고 세상을 지배하는 이데올로기의 중심이 되어갔다.

이런 변화 양상을 그리스 신화를 통해 살펴보자. 중세 때 주교들에 의해 일반인이 읽어서는 안 되는 금서로 지정된 것 가운데 하나가 그리스 신화였다. 절대적인 선의 화신인 종교의 신과 달리 신화에 나오는 신과 인간은 잘 알려진 오이디푸스 신화에서 보듯이 근친상간이나 근친살해와 같은 치명적인 죄를 태연히 저지르는 존재였기 때문이다. 이런 모습은 십계명과 같은 규율을 따르는 그리스도교 입장에서 도저히 받아들일 수 없는 것이었다.

그러나 르네상스 시대에 들면서 고대에 대한 관심이 급증했고, 화가들은 빈번하게 그리스 신화를 주제로 삼았다. 그리스 신화에 대한 이런 태도 변화는 지배 이데올로기의 변화에서 유래한 것이다.

헬레니즘의 핵심은 철학과 과학이다. 이후에 찾아온 철학과 과학의 발전은 우리 모두가 아는 사실이다. I. 뉴턴이 사과가 떨어지는 것을 보고 중력을 발견하고, 심지어 C. 다윈은 진화론을 통해 인류의 태동이 신의 창조가 아닌 진화의 결과임을 주장했다. 그러니까 철학과 과학을 통해 신에게서 멀어졌고 그와 비례해서 인간은 자유로워졌다. 그러나 빛이 있으면 그림자가 생기기 마련이다. 20세기에 접어들어 자유를 감당하지 못한 인류는 두 차례의 참혹한 세계대전을 겪어야 했다.

오늘날 한동안 지배적인 흐름이었던 헬레니즘이 서서히 물러나고 있는 중이다. 명확한 사실과 논리적인 것을 추구하는 철학과 과학의 시대에서 상상력과 감성을 중요하게 생각하는 시대로 기울고 있다는 점에서 그렇다.

## 새로운 시대는 새로운 이야기를 원한다

이제 '지금 왜 북유럽 신화인가'를 살펴볼 시간이다. 누군가는 멀리 북유럽 세계의 생각이 집약된 북유럽 신화가 우리와 무슨 관계가 있냐고 되물을 수 있다.

이 물음에 답하기 위해 다시 시간을 거슬러 올라가보자.

서양이 언제부터 동양을 앞섰고, 또 그들의 문화와 생각이 우리의 머릿속과 생활을 지배하게 된 것은 언제부터일까? 일찍이 마케도니아의 왕 알렉산드로스가 '동방원정'이라는 미명 아래 인도 북부까지 세력을 펼친 적이 있지만 그것은 바람처럼 지나간 일시적인 사건이었다.

일반적으로 서양이 동양에 앞서기 시작한 사건으로 나폴레옹의 이집트 원정을 꼽는다. 나폴레옹의 이집트 원정은 1798년부터 1801년에 이루어졌다. 이때 나폴레옹은 군대뿐만 아니라 많은 학자들을 이 원정에 동행시켜 이집트의 문화를 연구하게 했다. 그때부터 따지면 서양이 우위를 보인 것은 200년이 조금 지났을 뿐이다.

동양과 서양을 불러낸 것은 어느 쪽이 더 좋다거나 우세했던 과거의 동양을 소환하기 위함이 아니다. 이 글의 주제인 북유럽 신화가 현대에 들어 각광을 받는 이유와 그 과정을 탐색해보기 위해서이다.

오늘날이 서양의 문화와 사고가 우세적인 시대임은 분명하다. 이를 달리 표현하면 우리의 생각과 삶의 형태가 서양의 문화에 의해 좌우되는 일이 많다는 것이다. 실제로 의식주만 보아도 서구화가 급속도로 진행된 상태다. 의복과 먹을 것, 집은 사람이 살아가는데 가장 기본이 되는 것이다. 그것은 어쩌다 특별하게 체험하는 것이 아니라 일상에서 쓰고 활용한다는 것을 의미하고 이미 우리가 서양 문화를 깊이 받아들이고 있음을 의미한다.

문화의 관점에서 보면 최근까지 서양의 상상력을 견인한 것은 그리스 문화와 그리스도교였다. 즉, 헬레니즘과 헤브라이즘이다.

그리스는 잘 알려진 것처럼 서양 문화가 태어난 발상지다. 신화와 철학뿐만 아니라 연극, 조각을 비롯한 예술에서 민주주의까지 서양은 그리스에 큰 빚을 지고 있다. 그렇기에 오늘날 서양 사람들은 성지 순례라도 하듯 그리스를 찾는다. 서양 문화를 이해하기 위해서는 그리스 신화를 알아야 한다는 생각은 이런 배경에서 기인한다.

그런데 현대에 들어서 그리스 신화를 대신해 북유럽 신화가 대두하기 시작했다. 그것은 근대를 관통하며 신화적 상상력을 발휘해왔던 그리스 신화의 세계관이 쇠퇴하고 북유럽 신화가 그 대안으로 부상했음을 뜻한다.

우리는 밥을 먹어야 살 수 있다. 우리의 영혼도 마찬가지다. 어느 시대든 영혼의 밥이라고 할 수 있는 이야기가 필요하고, 이를 위해 그 시대를 관통하는 상상력이 존재하기 마련이다. 그리스 신화는 근대를 지나 오늘날까지 그 풍부한 이야기를 통해 사람들의 생각과 삶의 자세에 영향을 미쳤다.

하지만 시대가 바뀌고 세상이 변했다. 아무리 훌륭한 것이라고 해도 시간이 지나면 낡은 느낌을 주고 싫증이 나기 마련이다. 그뿐만 아니다. '4차 산업혁명' 담론에서처럼 기술은 급속도로 발달했고 새로운 인간에 대한 이해와 삶의 자세가 필요해졌다. 그 기대에 부응해서 오랫동안 얼음 밑에서 잠자고 있던 북유럽 신화가 모습을 드러냈다.

기존에도 북유럽 신화를 배경으로 하는 소설이나 영화가 나타났지만 본격적으로 그 부활을 알린 것은 J. R. R. 톨킨의 《반지의 제왕》이다. 《니벨룽겐의 반지》에서 저주가 깃든 안드바리의 반지는 라인강에 던져진다. 현대에 들어 그 반지를 강에서 건져 올린 것이 《반지의 제왕》이다. 소설도 그렇지만 영화의 반응은 세계적인 열풍이라는 말이 어울릴 정도로 엄청났다. 그것은 새로운 신화의 귀환을 알리는 웅장한 종소리와도 같았다.

그렇다면 왜 사람들은 북유럽 신화를 모태로 한 이야기에 귀를 기울이고 환호하게 된 것일까?

무엇보다도 새로운 시대에 어울리는 이야기가 필요했던 것이다. 그리스 신화는 오랫동안 다듬어지면서 질서가 또렷하고 정교한 구조를 갖게 되었다. 그리스 신화가 단정한 느낌을 주는 이지적인 모범생의 이미지를 갖고 있다면, 북유럽 신화는 읽어 보아 알겠지만 거칠고 폭력적인 불량학생의 이미지를 갖고 있다. 그리스 신화를 모든 것이 드러나는 낮의 세계라고 한다면 북유럽 신화는 어둠이 내린 밤의 세계와 닮았다고 할 수 있다.

그래서 열심히 노동을 하고 정해진 일정에 따라 바쁘게 움직이는 말쑥한 양복을 입은 쪽이 그리스 신화라면 티셔츠에 청바지와 같은 편한 캐주얼을 입은 모습이 북유럽 신화에 가깝다. 북유럽 신화에 등장하는 소탈하고 꾸밈없는 신들을 우리 주변의 사람들과 비교해보면 쉽게 이해가 될 것이다.

살펴본 것처럼 북유럽 신화의 이미지는 현대에 잘 어울린다. 그렇기에 현대를 사는 사람들이 그리스 신화보다 북유럽 신화에 더 공감하고 열광하는 것이다. 그것은 비단 소설이나 영화뿐만이 아니다. 젊은 세대가 좋아하는 게임이나 우리 개인의 삶속에서도 그렇다.

### '운명'에서 '모험'으로

근대 이전에 태어난 인류가 타임머신을 타고 현대로 온다면 마법의 세계가 펼쳐져 있다고 말할 것이다. 하늘을 나는 비행기나 도심을 채운 자동차의 행렬을 말하려고 하는 게 아니다.

인류가 오랜 세월 늘 고민하고 해결하기 위해 애썼던 것이 먹을 것이다. 많은 사람들은 늘 내일은 무엇을 먹어야 하는지, 과연 먹을 수 있는지에 대해 고민했다. 예전 인류가 꿈꾸었던 천국과 낙원의 이미지가 하나같이 먹을 것이 풍요로운 세상이라는 것은 이런 고민이 반영된 것이다. 마음껏 먹을 수만 있다면 그곳이 천국이고 낙원이었다. 그들이 보기에 먹을 것이 가득 쌓여 있는 오늘날의 대형마트가 천국이고 낙원일 것이다.

물론 현대에도 일부 지역에서는 굶기를 밥 먹듯이 하는 사람들도 있지만 이렇게까지 먹을 것이 풍부했던 시대는 구석기 이후 처음이다.

또 하나 마법적인 일은 미래에 대한 희망이다. 불과 얼마 전까지만 해도 개인의 삶은 대체로 정해져 있었다. 산업혁명 이전이라면 인류의 90% 이상이 농업에 종사하는 부모를 가졌고 그들의 자식은 거의 대부분 농부가 되어야 했다. 귀족을 비롯한 극히 소수를 제외하고 대부분의 인생은 정해져 있었다.

이렇게 선택지가 없는 상황을 달리 '운명적'이라고 표현한다. 달리 선택의 여지가 없는 상황, 즉 운명적이라면 그것을 받아들이는 것이 현명하다. 그리스 신화를 토대한 만들어진 그리스의 유명한 비극들이 이야기하는 가장 큰 주제의 하나가 운명이었다. 아버지를 죽이고 어머니와 결혼해야 했던 오이디푸스를 비롯한 많은 영웅들이 마주한 운명이 그리스 비극의 핵심 수제였다. 그것은 과거 대다수의 사람이 직업 선택을 비롯한 삶의 형태에 달리 선택지가 없었기 때문에, 그래서 '운명적'이었기 때문이기도 하다.

그러나 북유럽의 세계는 주어진 운명을 수용하고 따르기보다는 모험에 나서는 사람들이 사는 곳이었다. 그 대표적인 사례가 북유럽 사람들이 가장 존경하고 따랐던 오딘이었다. 오래전에 만들어진 바이킹을 다룬 영화에서 죽음을 앞둔 바이킹 부족이 유언 대신에 격하게 '오딘!'이라고 이름을 외치며 죽는 모습이 생각난다.

본문에서 보았듯이 오딘은 신이고 게다가 최고신이었지만 끊임없이 지혜를 얻기 위해 애썼다. 미미르의 샘물을 마시기 위해 한쪽 눈을 내놓고 심지어 마법을 깨우치기 위해 우주이기도 한 이그드라실에 거꾸로 매달려 죽음을 선택했다.

오딘은 그것이 어쩔 수 없는 운명이었기에 그렇게 한 것이 아니라 스스로의 삶을 향상시키기 위해 소중한 눈을 내주고 목숨까지 걸었던 것이다. 그런 과정을 거쳐서 오딘은 마법의 힘을 얻었다. 이후에도 비록 애꾸눈이지만 양쪽 어깨에 앉아 있는 두 마리의 까마귀를 통해 끊임없이 신들뿐만 아니라 인간을 비롯한 다양한 존재가 살아가고 있는 세상을 살피고, 필요한 일을 했다.

오딘은 신이니까 모든 것이 가능했다고 생각할 수도 있겠지만 그래서는 신화의 진정한 의미를 알기 힘들다. 신화는 우리 삶을 비추는 거울과도 같다. 그 거울에 비친 모습을 보면서 자기를 이해하고 세계를 이해한다는 점에서 그렇다. 그런 점에서 오딘은 롤 모델이다. 실제로 바이킹들에게 오딘의 삶은 따르고 싶은 강렬한 롤 모델이었다.

바이킹들은 비겁한 것을 싫어했고 용감하게 싸우다가 오딘이 주재하는 발할라 궁전으로 가는 것을 인생 최고의 목적으로 삼았다. 또한 오딘처럼 끝없이 삶을 향상시키려고 했다. 그들이 그저 약탈만 하는 도적에서 머물지 않고 항해술과 조선술을 발전시키고 유럽 여러 왕가의 주인이 된 것도 이와 관련이 있다.

이렇게 보면 북유럽 신화는 바이킹들에게 자기계발을 위한 지침서이기도 했다. 그냥 태어난 신분에 따라 주어진 삶을 살아야 했던 사람과 달리 자기가 애쓰고 노력하면 새로운 세계를 만들어갈 수 있다는 것을 북유럽 신화가 알려주었기 때문이다.

현대는 여전히 여러 제약들이 존재하지만 눈 하나를 뽑고 목숨을 걸 '용기'가 있다면 많은 것을 이룰 수 있는 시대다. 산업혁명 이전의 사람들이 상상도 하지 못했던 것들을 얻을 수 있게 되었다. 주어진 운명적인 삶을 사는 것이 아니라 스스로 주도하는 독립적인 삶을 추구하는 현대인에게 그리스 신화보다 북유럽 신화가 더 설득력이 뛰어날 수밖에 없다.

북유럽 신화는 이미 현대적이다.

# 찾아보기

## 【등장인물】

# 처음 만나는 북유럽 신화

ⓒ 이경덕 2018

2018년 10월 8일 초판 1쇄 발행

**지은이** 이경덕
**펴낸이** 류지호 · **상무** 이영철
**편집** 이기선, 정회엽 · **디자인** 쿠담디자인
**제작** 김명환 · **마케팅** 허성국, 김대현, 최창호, 양민호 · **관리** 윤정안

**펴낸곳** 원더박스 (03150) 서울시 종로구 우정국로 45-13, 3층
**대표전화** 02) 420-3200 · **편집부** 02) 420-3300 · **팩시밀리** 02) 420-3400
**출판등록** 제300-2012-129호(2012. 6. 27.)

ISBN 978-89-98602-83-3 (03210)

이 도서의 국립중앙도서관 출판시도서목록(CIP)은
서지정보유통지원시스템 홈페이지(http://seoji.nl.go.kr)와
국가자료공동목록시스템(http://www.nl.go.kr/kolisnet)에서 이용하실 수 있습니다.
(CIP제어번호: CIP20180305351)